MIX
Papier aus verantwortungsvollen Quellen
Paper from responsible sources
FSC® C105338

Michał Olewnik

Akquise und Auswahl von Manuskripten in deutschen Verlagen

Auswirkung des Verlagswesens auf Literatur als System

Diplomica Verlag GmbH

Olewnik, Michał: Akquise und Auswahl von Manuskripten in deutschen Verlagen: Auswirkung des Verlagswesens auf Literatur als System,
Hamburg, Diplomica Verlag GmbH 2013

Buch-ISBN: 978-3-8428-9664-2
PDF-eBook-ISBN: 978-3-8428-4664-7
Druck/Herstellung: Diplomica® Verlag GmbH, Hamburg, 2013
Covermotiv: © Horia Andrei Varlan – flickr.com

Bibliografische Information der Deutschen Nationalbibliothek:
Die Deutsche Nationalbibliothek verzeichnet diese Publikation in der Deutschen Nationalbibliografie; detaillierte bibliografische Daten sind im Internet über http://dnb.d-nb.de abrufbar.

Hermannstal 119k, 22119 Hamburg
http://www.diplomica-verlag.de, Hamburg 2013
Printed in Germany

Inhaltsverzeichnis

Meiner Ehefrau Agata und meinen Großeltern Barbara und Bogumił gewidmet.

Einführung

Der Gegenstand dieser Arbeit sind Manuskriptakquise und -auswahl als Prozesse im Verlagswesen. Verlage sind heutzutage die wichtigsten Literaturvermittler auf dem deutschen Buchmarkt, da die literarische Produktion von ihnen abhängt. Aus diesem Grund soll Erklärung der Mechanismen *Manuskriptakquise* und *-auswahl*, die in deutschen Verlagen im 20. und 21. Jahrhundert funktionierten und/oder funktionieren, zur Erweiterung des Literatur-Diskurses beitragen und buchwissenschaftliche sowie literaturwissenschaftliche Theorie in diesem Bereich ergänzen. Bei Erkundung dieses Themas werden beschreibende und vergleichende Methode eingesetzt. Die Ergebnisse sollen der Ausgangspunkt für weitere Untersuchungen des Literatur-Systems (vgl. Schmidt 1980) sein.

Die dynamischen Veränderungen des Literatur-Systems tragen dazu bei, dass der Begriff *Literatur* immer wieder aufs Neue definiert wird. Im 15. Jahrhundert war die Entdeckung des Buchdrucks für das Verständnis der Buch-Kultur und der damit eng verbundenen Literatur für die nächsten Jahrhunderte grundlegend. Die Entwicklung der Institution *Verlag* in der Neuzeit beeinflusste auch die Literatur. Es bildete sich ein Literatur-System heraus, in dem die Kommunikation nicht nur zwischen dem Autor und dem Leser erfolgt, sondern auf dem Buchmarkt auch andere Akteure agieren, und zwar jene, die in Verlagen, Buchhandlungen und Bibliotheken arbeiten. Das deutsche Literatur-System hat eine der ältesten verlegerischen und buchhändlerischen Tradition. In Deutschland spielen Verlage seit dem 17. Jahrhundert die literaturvermittelnde Funktion. Trotz der jahrhundertelangen Geschichte der Verlage ist ihre Auswirkung auf das Literatur-System nicht ausreichend erforscht. Erst die Buchwissenschaft und die empirische Literaturwissenschaft, die nach dem Zweiten Weltkrieg gegründet wurden, problematisierten die Rolle der Verlage im Literatur-System. Es wurde zum Gegenstand der Diskussion, dass der Autor, Text und Leser in einem komplexen Beziehungsgeflecht zueinander stehen und sie dies nicht im luftleeren Raum tun, sondern in einem bestimmten Kontext, der durch nicht nur literarische Wertungskriterien, sondern auch durch Ökonomie geprägt wird. Die Literatur wird von einer Sammlung von literarischer Texte zum System literarischer Handlungen.

In dieser Abhandlung werden Bücher beschrieben und miteinander verglichen, die sich mit dem Literatur-System befassen und die Prozesse *Manuskriptakquise* und *-auswahl* in deutschen Verlagen darstellen. Zu buchwissenschaftlichen Büchern auf dem Gebiet gehören Buchmarktanalysen, Medienhandbücher, Verlegererinnerungen sowie Interviews mit Verlagsmitarbeitern. Sie beschreiben das Literatur-System vor allem aus dem betriebswirtschaftlichen Standpunkt. Außer den buchwissenschaftlichen Aspekten werden auch Literaturwissenschaften und zwar die empirische Literaturwissenschaft dargelegt und zur Erklärung der literarischen Wertungsprozesse sowie Manuskriptakquise und -auswahl in deutschen Verlagen benutzt. Die empirische Literaturwissenschaft liefert einerseits Methoden, wie man mit der Literatur selbst unter Berücksichtigung der Umstände auf dem Buchmarkt umgehen kann, andererseits Vorschläge zur Optimalisierung der Verlagsarbeit in Bezug auf die Manuskriptakquise und -auswahl.

1 Forschungsüberblick

Mit dem Funktionieren der Verlagslektorate in Deutschland beschäftigen sich vor allem Buchwissenschaft und Literaturwissenschaften. Aus der buchwissenschaftlichen Perspektive wird den Verlagslektoraten relativ wenig Raum gewidmet. Zu einem der ersten Wissenschaftler, der den Kontext der Literaturproduktion als Literaturbetrieb definierte, zählt in Polen Stefan Żółkiewski (vgl. Żółkiewski/Hopfinger 1976). Der Buchmarkt wird seitdem als Untersuchungsgegenstand der Wissenschaft betrachtet. Eduard Schönstedt widmet der Lektoratsarbeit lediglich vier Seiten (vgl. Schönstedt 1999), Hans-Helmut Röhring – elf (vgl. Röhring 2008) und Thomas Breyer-Mayländer – vierzehn (vgl. Breyer-Mayländer 2010). Die Autoren konzentrieren sich nur auf betriebswirtschaftliche Aspekte der Verlagsarbeit und berücksichtigen den Einfluss des Literaturbetriebes auf Literatur und Literaturwissenschaften nicht. In der Buchwissenschaft hat erst die Publikation von Ute Schneider zu einer Erkenntnis-Wende in Bezug auf den Lektor-Beruf beigetragen (vgl. Schneider 2005). Schneider stellte die Entwicklung der beruflichen Identität der Lektoren in deutschen Verlagen und zeigte dadurch, dass Verlagsmitarbeiter graue Eminenzen des Literatur-Systems sind und darauf einen direkten Einfluss ausüben. 2010 erschien die von Walter Hömberg vorbereitete empirische Analyse der Lektoratstätigkeiten im deutschen Verlagswesen (vgl. Hömberg 2010), wo der Einfluss der Verlagsstruktur auf die Ausübung der Verlagsarbeit dargestellt wird. Das Buch gilt als Pionierstudie in Deutschland und weist auf neue Probleme in der Verlagsforschung hin: Es ist ohne weitere empirische Untersuchungen der deutschen Verlage nicht zu bestimmen, wer da die Lektoratsarbeit wahrnimmt.

Als eine der ersten innerhalb der Literaturwissenschaften beschäftigt sich die empirische Literaturwissenschaft mit dem Verlagswesen als Teil des Literatur-Systems. Das Konzept der empirischen Literaturwissenschaft, das in den achtziger Jahren des 20. Jahrhunderts von der NIKOL-Arbeitsgruppe in Siegen entwickelt wurde, hat zum neuen Verständnis des Literatur-Systems beigetragen, in dem Verleger und Lektoren als Vermitttlungsaktanten begriffen werden (vgl. Schmidt 1984). Die empirische Literaturwissenschaft lässt Ergebnisse der buchwissenschaftlichen Forschung in Bezug auf das Verlagswesen mit literatur-wissenschaftlichen Erkenntnissen in Zusammenhang bringen. Beide Disziplinen haben aber bisher noch keine Untersuchungen deutscher Verlagsarchive in Bezug auf die Prozesse *Manuskriptakquise* und *-auswahl* dokumentiert. Ihre Analyse könnte zu Erklärung der Verlagsprozesse im Kontext des Literatur-Systems beitragen.

2 Desintermediationsprozesse auf dem deutschen Buchmarkt – Autor als autonomer Literaturproduzent und dessen soziale Anerkennung durch Verlage

Eine zentrale Rolle im Prozess der Buchproduktion kommt dem Autor zu. Er befindet sich am Anfang der Wertschöpfungskette und ist Hauptaktant in der literarischen Produktionshandlung. In Abhängigkeit davon, in welchen sozialen und ökonomischen Bedingungen er handelte, erfüllte er im Laufe der Zeit verschiedene Rollen in der Gesellschaft:

> Jahrhunderte alte Mythologien von der übernatürlichen, ja göttlichen Inspiration des Künstlers und sein modernes, säkulares Pendant, die Idee von der Selbstexpression einer Persönlichkeit, die, von ihrer Mitwelt unverstanden, dem Geist der Zeit weit voraus ist, stehen natürlich im Widerspruch zu einer Auffassung vom Künstler als einem zielstrebig, rational und eigeninteressiert Handelnden, wie er doch den gesamten Rest einer Gesellschaft bevölkert. (Tietzel 1995: 62)

Der Autor wird in dieser Arbeit zum autonomen Aktanten des Literatur-Systems, der Texte produziert und danach strebt, sie zu veröffentlichen. Wie die Wertschöpfungskette von Christoph Janello zeigt, kann der Text auf verschiedene Weise vom Produzenten zum Rezipienten gelangen:

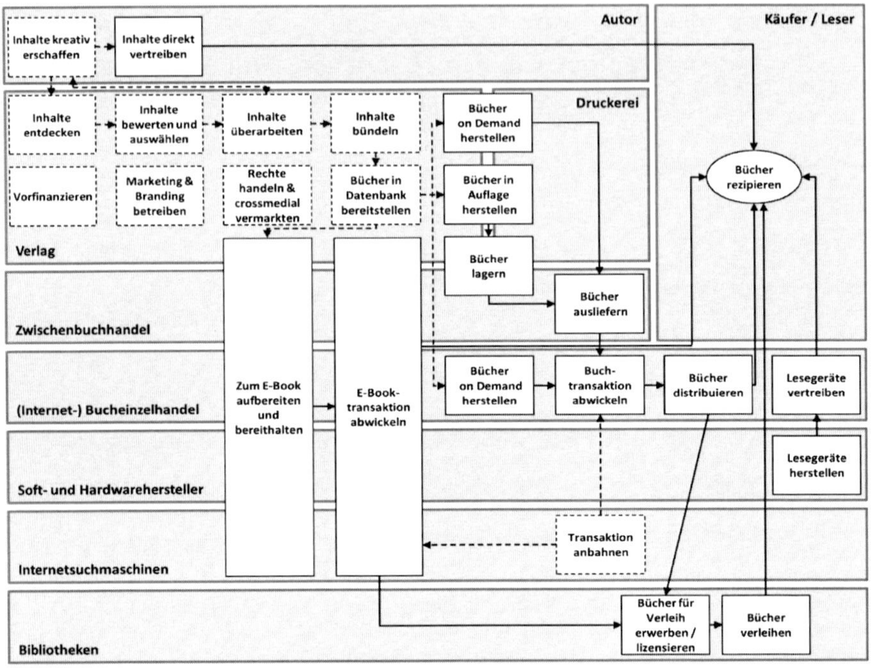

Abbildung 1: Wertschöpfungssystem des digitalisierten Buchmarktes (vgl. Janello 2010: 97)

Aus dem oben dargestellten Raster stellt es sich heraus, dass Autoren im digitalisierten Buchmarkt keine Vermittler mehr brauchen, damit ihr Text als E-Book auf dem Buchmarkt auftreten. Die Entwicklung der elektronischen Technologien führte zu Modifikationen auf allen Ebenen der Wertschöpfung. Zwar gelten Verlage noch als fester Punkt bei der Auswahl von Texten, die auf dem Buchmarkt erscheinen, aber neue Marktakteure treten schon auf, wie z. B. Self-Publishing-Plattforme[1] oder Autoren-Netzwerke:

> Da Innovation aber immer mit der Zerstörung des „Alten" einhergehen, tun sich traditionelle Marktteilnehmer oft schwer – schließlich hat man nur wenige Verlage ihre Inhalte bisher in größeren Umfang digital an. Allerdings wecken neue Kundenwünsche das Interesse von industrieexternen Marktakteuren, die möglicherweise nichts zu verlieren, aber viel zu gewinnen haben und genau die latenten Kundenbedürfnisse adressieren, die zuvor von den etablierten Marktakteuren ignoriert wurden. (Clement et al. 2009: 12)

[1] In Deutschland z. B.: www.xinxii.de, kdp.amazon.com/self-publishing/signin, www.triboox.de, www. epubli.de; in Polen: www.virtualo.pl.

Heutzutage können Autoren ihre Texte *kostengünstig* auf eigene Faust veröffentlichen, ohne sich auf einen Verlag zu verlassen. Das Print-on-Demand und das Self-Publishing tragen dazu bei, dass die in Verlagen durchgeführten Manuskriptauswahlprozesse umgangen werden. Auf dem Buchmarkt können Texte erscheinen, die vorher in Verlagen abgelehnt wurden.

Eine besondere Chance für Autoren sind Dienstleistungen wie Print-on-Demand (Druck auf Bestellung). Firmen, die P-o-D anbieten, leisten zusätzlich auf Kosten des Autors u. a. Lektorat, Korrektorat und Vertrieb. P-o-D ermöglicht vielfältige Buchausstattungen und flexible Auflagenhöhe. Zu den bekanntesten Dienstleistern auf dem deutschen Buchmarkt gehören epubli (Verlagsgruppe Holtzbrinck), RuckZuckBuch.de und Books on Demand. Das letzte Unternehmen bietet außer dem Druck auch andere Dienstleistungen wie die Katalogisierung für den abgeschlossenen stationären und Internet-Buchhandel, eine ISB-Nummer sowie Meldung an das Verzeichnis der lieferbaren Bücher (VlB) an.

Als Nächstes bieten Self-Publishing-Portale Veröffentlichung von E-Books, auch umsonst, an; Autoren verdienen dann erst beim Verkauf von Büchern. Schriftsteller sind dann selbst für Lektorat und Werbung verantwortlich und können sogar 70 Prozent des Netto--Preises für ihr Buch verdienen (Amazon Kindle Digital Publishing). E-Books sind auch Zukunft der Branche, wovon Verkaufsergebnisse von Amazon zeigen: Das Unternehmen verkauft laut eigener Aussage mittlerweile mehr elektronische Bücher als Hardcover.[2]

Die Position der gedruckten Bücher bleibt aber auf dem deutschen Buchmarkt stabil. Im Jahre 2010 erzielte in Deutschland Verkauf von zwei Millionen E-Books 21,2 Millionen Euro, d. h. lediglich 0,5 Prozent des Gesamtumsatzes aus Büchern (vgl. Wischenbart 2012). Darüber hinaus haben nach Angaben der Unternehmensberatung Kirchner + Robrecht 69 Prozent der Deutschen noch nie von E-Books gehört und nur 2,5 Prozent jemals eins käuflich erworben.[3] Trotzdem steckt im E-Book-Markt *großes* Potential und Verleger hoffen mit der Mode für mobile Multimediageräte wie E-Book-Readers und Tablet-PC auf Gewinne aus elektronischen Publikationen.

2.1 Verlag als Finanzierungsinstitution im Literatur-System

Die genannten Möglichkeiten, Texte selbständig zu veröffentlichen, lassen Autoren vom Prozess der Manuskriptakquise, die in Verlagen erfolgt, unabhängig bleiben. Es ist zu

2 Vgl. www.zeit.de/digital/internet/2011-05/amazon-ebooks-verkauf.
3 Vgl. www.kirchner-robrecht.de/aktuelles/ebooks-und-ereader-marktpotenziale/download-feedback/.

vermuten, dass der technologische Fortschritt die Position des Autors im Literaturbetrieb verstärken wird. Da der Umsatz mit E-Books in Deutschland noch marginal ist (vgl. Wischenbart 2012) und Kosten für Druck sowie Marketing *hoch* sind, suchen Autoren immer noch nach Verlagen im Sinne der Finanzierungsinstitutionen für ihre Werke.

Im Laufe der Zeit professionalisierte sich der Autorenberuf. Es entstanden Handbücher für Autoren, die sich mit der Schreibtätigkeit auseinandersetzen. In diesen werden auch Ratschläge erteilt, wie man wirksam auf dem Literaturmarkt agiert, u. a. Schreiben als Beruf, Hinweise zum Urheberrecht, Suche nach einem Verlag (vgl. Hofko/Sollingen/Steinhoff 2005; Lichtenstein-Weis 2005 sowie Schikorsky 2009).

Kristiane Allert-Wybranietz weist auf einige Möglichkeiten hin, einen Verlag zu finden. Autoren können den Kontakt mit Literaturagenturen knüpfen. Agenten prüfen Manuskripte und vermitteln sie an Verlage bzw. an verschiedene Medien (Fernsehen, Rundfunk). Agenturen arbeiten weltweit (Mohrbooks oder Lipmann), selten beschränken sie sich auf den deutschen Sprachraum.[4] Einige von ihnen widmen ihre Arbeit hauptsächlich der Förderung von noch unbekannten Autoren (vgl. Allert-Wybranietz 1988: 16 f.).

Des Weiteren können Autoren Buchmessen besuchen. Zu den weltweit größten Buchmessen zählen im Herbst die Frankfurter Buchmesse, an der 2010 rund 7.500 Aussteller aus 111 Ländern, fast 280.000 Besucher und rund 10.000 akkreditierte Journalisten teilgenahmen, und im Frühling die Leipziger Buchmesse (2012 – 2.071 Verlage aus 44 Ländern).[5] Diese Branchenerreignisse sind Gelegenheit, sich zu informieren und Kontakte zu knüpfen. Dazu wird von Allert-Wybranietz vorgeschlagen:

> Mein Rat: Lassen Sie Ihr Manuskript ruhig zu Hause (vielleicht haben Sie eine Fotokopie dabei für Zufälle oder Wunder), denn auch hier gilt: Kein Verleger wartet an seinem Stand gerade auf *Ihr* Manuskript, um es im hektischen Messetreiben zu lesen.
>
> Der sinnvollere Weg: Fragen Sie nach einem Lektor des Verlages, stellen Sie ihr Manuskript mündlich kurz vor, und fragen Sie zunächst einmal, ob überhaupt daran Interesse besteht.
>
> Gibt es ein ‚Nein', dann bitte abhaken und zum nächsten Verlag; ist es hier ein ‚ja' oder etwas Ähnliches, dann lassen Sie sich die Karte des Herren oder der Dame geben, und sprechen Sie ab, daß Sie das Manuskript zusenden werden. [...]
>
> Noch einmal sei aber besonders betont, daß es für unbekannte Autoren wohl kaum eine Möglichkeit gibt, hier einen Verlag zu finden. (Allert-Wybranietz 1988: 18f.)

---

4 Eine Zusammenstellung von den deutschen Literaturagenturen findet man unter: www.dieterwunderlich.de/links_literaturagenturen.htm.

5 Daten und Fakten zur Frankfurter Buchmesse 2010: www.buchmesse.de/images/fbm/zahlen_fakten_2010.pdf; Daten und Fakten zur Leipziger Buchmesse 2012: www.der-buchleser.de/2012/03/12/leipziger-buchmesse-2012-in-zahlen/.

Als Nächstes sind Verbände, wie der Verband Deutscher Schriftsteller, der Freie Deutsche Autorenverband und der P.E.N.-Club, sowie verschiedene Arbeitsgruppen auch eine Einrichtung, die Autoren ansprechen können. Allert-Wybranietz betont, dass solche Institutionen

> Schwerpunkte auf Erfahrungsaustausch untereinander und auf soziale, wirtschaftliche und kulturpolitische Belange setzen und realisieren können, dabei offen bleiben für Nachwuchs und für neue Anregungen, da können sie wertvolle Arbeit leisten. (Allert-Wybranietz 1988: 21)

Im Übrigen können Autoren ihre Manuskripte an Verlage unverlangt verschicken. Die wichtigste Voraussetzung ist, dass der Text an Verlage mit dem Programm, zu dem ein bestimmter Titel passt, versandt wird (Unwin 1965: 21 ff.).

Bevor man sich entscheidet, mit dem Manuskript an eine größere Öffentlichkeit zu gehen, wird von Allert-Wybranietz seine Überprüfung, von Bekannten oder Profis – z. B. freien Lektoren – empfehlenswert:

> Das sollte insbesondere auch geschehen in Hinsicht auf sprachliche Mißbilder, grammatische Ausrutscher sowie Interpunktion und Rechtschreibung (dies kann immer wieder mal geschehen), aber auch in Hinsicht auf Wiederholungen, Gedankensprünge und sonstige Dinge, die sich einschleichen können und dem Autor selbst oftmals nicht auffallen, weil er mit seinem Werk eben so vertraut ist. Scheuen Sie dann gegebenenfalls bitte nicht die Arbeit, den ganzen Salat nochmals - mit entsprechenden Korrekturen - abzutippen. Ein Manuskript, das vor Korrekturzeichen nur so strotzt, wird bei keinem Verlagslektor Freude erwecken. (Allert-Wybranietz 1988: 65 f.)

Vor dem Autor steht außer der Frage, ob er seine Werke überhaupt einem Verlag anvertrauen will, das Dilemma: In welchem Verlag sollen seine Texte erscheinen? Je nach dem Verlag werden Bücher auf dem Buchmarkt anders positioniert und demzufolge gelangen sie an ein anderes Publikum. Siegfried Unseld betont, dass die Entscheidung des Autors für einen Verlag mit sich weitgehende Konsequenzen trägt. Der Autor entscheidet sich mit der Verkauf von Rechten auf eine Gesellschaft der Verlagsmitarbeiter, und der Autoren, deren Bücher der Verlag herausgibt. Außerdem hat die Wahl eines Verlages auf die Form, in der der Verlag seine Bücher präsentiert, einen Einfluss (vgl. Unseld 1978: 41). Infolgedessen stellt sich heraus, dass der Verlag den Einfluss auf den Erfolg des Buches auf dem Markt hat.

Die Analyse von Vermittlungsinstanzen zwischen dem Produzenten und der Rezipienten auf dem deutschen Buchmarkt lässt das Funktionieren von literarischen Handlungssystemen (vgl. Schmidt 1980) besser verstehen. Die Institution *Verlag* steht vor neuen Herausforderungen, weil sie in ihrer traditionellen Form nicht mehr nötig ist, damit Texte verbreitet werden. In dieser Situation ist für die Verlagsproduktion eben der Prozess der Manuskriptakquise entscheidend. Klare Kriterien der Bewertung und der Auswahl sowie konsequente Beachtung des Verlagsprogramms können als distinktive Eigenschaften von Verlagshäusern betrachtet werden. Die Aufdeckung der Aktanten, die im Entscheidungsprozess *Manuskriptakquise* teilnehmen, kann dagegen zur Erkenntnis über Literarische Vermittlungs-handlungen führen. Hömberg kommentiert den Wissenszustand folgenderweise:

> Die Prüfung, die Auswahl und die Bearbeitung der eingereichten Manuskripte verrichtet ein unsichtbares Wesen, von dem kaum mehr als die Berufsbezeichnung bekannt ist: der Lektor. Dass man über den Beruf des Verlagslektors und die Leute, die ihn ausüben, so gut wie nichts weiß, ist umso erstaunlicher, als der Kommunikationsbetrieb sonst nicht gerade öffentlichkeitsscheu ist. [...] Bei der Buchproduktion dagegen scheint es nur Verleger, Drucker und Autoren zu geben; Lektoren jedenfalls kommen nicht vor. Die wenigen Ausnahmen - etwa in den Impressen der Bücher von Luchterhand, teilweise auch bei Rowohlt, Fischer und einigen anderen Verlagen - machen die Regel nur deutlicher. (Hömberg 2010: 13)

Das Manuskript steht doch nach der Übergabe an den Verlag unter Einfluss von verschiedenen Menschen – Grafiker, Lektoren, Korrektoren – die im Impressum genannt werden oder nicht. Der Einfluss der literarischen Verlage als Vermittlungsinstanzen auf das deutsche Literatur-System wurde jedoch empirisch noch nicht untersucht. Einer der Gründe für diesen Zustand ist der Mangel an urheberrechtlichen Regelungen, die solch eine Unterscheidung – zwischen selbstveröffentlichtem und vermitteltem Text – nicht berücksichtigen. Der Autor solle ein „druckreifes" Manuskript in einem Verlag vorlegen, was auch in den Verlagsverträgen bemerkbar ist.[6] Krzysztof Gutowski weist im Artikel „Utwór netto, utwór brutto... plus VAT" (Werk netto, Werk brutto... plus Mehrwertsteuer) darauf hin, dass es einen Unterschied zwischen einem Manuskript, das in einem Verlag nicht lektoriert wurde, und einem, das mit einem Verlagssigel erscheint (vgl. Gutowski 2010).

Zwischenfazit

Solange Verleger für Qualität der Texte auf dem Buchmarkt stehen werden, wird von ihnen die Situation der Autoren abhängen. Das Self-Publishing trägt zur Desintermediation auf dem Buchmarkt und stellt neue Möglichkeiten für Autoren. E-Book-Markt ist aber in Deutschland erst im Keimstadium. Das Potential dieser Technologie ist *groß* und lässt auf immer mehr Texte von autonomen Schriftstellern hoffen.

---

6 Vgl. www.boersenverein.de/sixcms/media.php/976/Autorennormvertrag.pdf.

3 Der deutsche Buchmarkt als Kontext literarischer Produktion

Der Buchmarkt bildet den Kontext für Verlagshandlungen. Je nach dem Land sind Bedingungen für Verlagstätigkeit anders. Dabei spielen die Rolle vor allem: das Recht, das Marktvolumen, Leserpräferenzen sowie die Position des Buches in der Gesellschaft. Dies hat auf das Funktionieren der Literatur in der Gesellschaft einen Einfluss. Der Gegenstand der Literatur- bzw. Kulturwissenschaft ist neben dem literarischen Text auch der Kontext, in dem Bücher vorbereitet werden und in Buchhandlungen oder Bibliotheken zu erhalten sind. Im Laufe der Entwicklung des Buchmarkt-Diskurses, u. a. durch seine Kommerzialisierung, entstanden verschiedene Bezeichnungen für dieses Phänomen, u. a. Literaturbetrieb (vgl. Plachta 2008), Literarisches Leben (vgl. Rump 1982 und Becker/Dehn 1968), Literaturszene[7] und Literaturmarkt[8]. Aus der soziologischen Perspektive wurde durch Pierre Bourdieu die Theorie vorgeschlagen, dass sich Literatur in einem „System [auch als ‚literarisches Feld' bezeichnet] von Kraftlinien, Macht- und Einflussbeziehungen [...], ähnlich einem Magnetfeld, das mehr ist als die bloße Summe individueller Interaktionen der Beteiligten konstituiert und entwickelt" (Bourdieu 2001). Im „literarischen Feld" operieren Institutionen, die einem jeweils eigenen System von Werten und Normen folgen und einen realen Einfluss auf die Situation der Bücher auf dem Markt ausüben. Zu denen gehören Verlage, Buchhandlungen, literarische Zeitschriften (Literaturkritik) sowie Organisationen der Literaturförderung wie Goethe Institut. Bourdieu versucht Mechanismen der literarischen Produktion zu analysieren. Zur Beschreibung der sozialen und kognitiven Dispositionen und Handlungsmustern, die in einem Sozialisierungsprozess gelernt werden können, benutzt er den Begriff *Habitus*. Die Aktanten im literarischen Feld bemühen sich nach Bourdieu darum, über die Definition, was Literatur ist, zu entscheiden. Diese Macht wird durch Bourdieu als *Kapital* bezeichnet und steht im engen Zusammenhang mit ökonomischen Faktoren sowie symbolischen Werten wie Ausbildung und Reputation. Diese Kategorien sollen dabei helfen, Entscheidungsinstanzen im Prozess der Manuskriptakquise und -auswahl zu beschreiben und analysieren.

Der deutsche Buchmarkt gehört zu den größten auf der Welt, u. a. durch das Lizenzgeschäft. Im Jahre 2010 wurde ein geschätztes Gesamtvolumen von 9.734 Milliarden Euro (2009 – 9.691) zu Endverbraucherpreisen (inkl. Fach- und wissenschaftlicher Zeitschriften sowie audiovisueller Medien) erwirtschaftet. Die Umsätze steigen kontinuierlich seit 2006.

---

[7] Vgl. www.stadtbuecherei-heidelberg.bib-bw.de/seiten/litszene/litszene.htm.

[8] Vgl. www.literaturmarkt.info/cms/front_content.php?idcat=87.

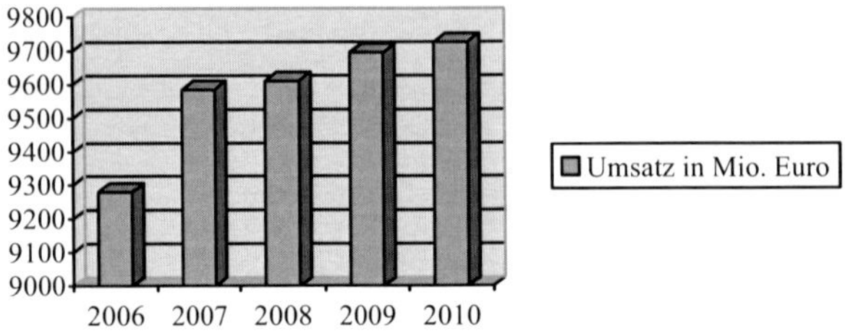

Abbildung 2: Geschätzte Umsätze buchhändlerischer Betriebe 2006–2010 zu Endverbraucherpreisen (vgl. www.boersenverein.de/sixcms/media.php/976/Tabellenkompendium_Wirtschaftspressegespraech_2010.pdf)

Der Umsatz mit belletristischer Literatur sank im Jahr 2010 um 0,1 Prozent. Ihr Marktanteil lag bei 33,8 Prozent (eben so viel 2009). Innerhalb der Warengruppe Belletristik verteilte sich der Umsatz auf folgende Warengruppen:

Marktanteil	Warengruppe
49,7 Prozent	Erzählende Literatur
27,0 Prozent	Spannungsliteratur
8,1 Prozent	Science Fiction / Fantasy
6,9 Prozent	Humor / Cartoons / Comics / Satire
6,2 Prozent	Geschenkbücher
1,2 Prozent	Lyrik / Dramatik
0,8 Prozent	Zweisprachige Ausgaben
0,2 Prozent	Gemischte Anthologien

Tabelle 1: Marktanteil nach Warengruppen (vgl. www.boersenverein.de/de/portal/Belletristik/189810)

Daraus ergibt es sich, dass die Produktionspotential vor allem in der erzählenden Literatur steckt. Gedichte, Dramas und gemischte Anthologien erfreuen sich dagegen des geringsten Interesses der Verleger und Leser.

Die Titelproduktion vergrößerte sich 2010 im Vergleich zu Vorjahren; aus der Statistik der Deutschen Nationalbibliographie geht hervor, dass 95.838 Erst- und Neuauflagen erschienen:

> Tendenziell hat sich das Verhältnis zwischen den wirklich neuen Titeln, und den wieder aufgelegten Werken im Lauf der Jahre Richtung Erstauflage verschoben. Neuauflagen spielen damit eine immer geringere Rolle, während die reinen Novitäten Jahr für Jahr an Gewicht gewinnen. (Röhring 2008: 82)

Die meisten neuen Ausgaben wurden in der Sachgruppe *Literatur* (Belletristik und Deutsche Literatur insgesamt) herausgegeben – 25.000 Titel, d. h. 38,2 Prozent der Gesamtzahl. Diese Zahlen stehen im Zusammenhang mit der Überzeugung, dass im Literaturbetrieb Drang nach neuen Titeln besteht.

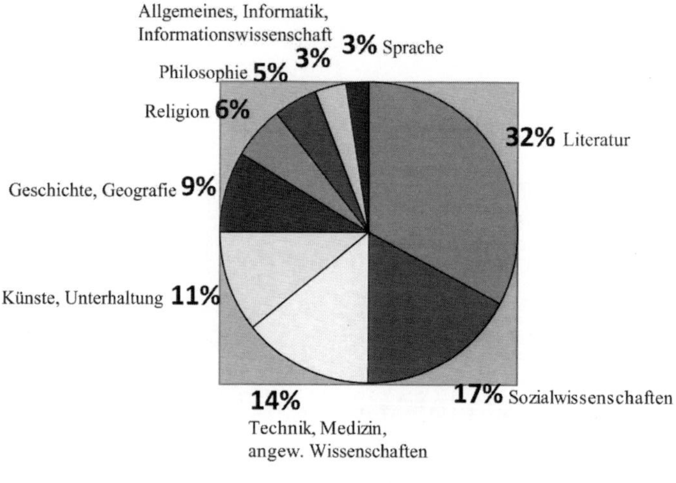

Abbildung 3: Titelproduktion (Erstauflagen) nach Sachgruppen 2010
(vgl. www.boersenverein.de/de/nordrhein_westfalen/Buch_und_Titelproduktion/182717)

Die Titelproduktion wird nach Sachgruppen und nach Orten der Veröffentlichung analysiert. Die meisten Novitäten kamen 2010 aus München (9.110 Titeln), Berlin (9.096), Stuttgart (3.971), Hamburg (3.769) und Frankfurt am Main (2.947 Titel).

Ein fester Bestandteil in der Gesamtheit aller Erst- und Neuauflagen bilden Übersetzungen. 2010 kamen in Deutschland über 11.800 Titel aus fremden Sprachen. Das entspricht einem Anteil von 12,7 Prozent an der gesamten Titelproduktion. An der Spitze lag das Englische (64,9 Prozent aller Titel – 6.874 Texte). Für die Tätigkeit der Verlagslektorate ist es von Bedeutung, ob man mit lizenzierten Titeln zu tun hat oder unverlangt eingesandte Manuskripte durchsichtet. Röhring weist darauf hin, dass

> [d]as Auslandsgeschäft schwierig ist. Bei Sachbüchern besteht wenig Neigung, die Autoren eines anderen Sprachbereichs zu verlegen, um die hohen Übersetzungskosten zu sparen. Bei belletristischen Autoren ist der Bekanntheitsgrad des Autors im Regelfall die Voraussetzung für einen Abschluss, oder es muss sich um niveauvolle Unterhaltungsliteratur mit nicht spezifisch deutscher Thematik handeln. (Röhring 2008: 154 f.)

Die Ergebnisse der Verlagsbefragung von Hömberg zeigen, dass über 20 Prozent aller deutschen Verlage deutschsprachige Lizenztitel im Programm haben und ungefähr 30 Prozent der Verlage Übersetzungen verlegen.

Größe der deutschen Verlage	Anteil der deutschen Lizenztitel im Gesamtprogramm	Anteil der fremdsprachigen Lizenztitel im Gesamtprogramm
Klein	Rund 20 Prozent	Über 30 Prozent
Mittelmäßig	Fast 30 Prozent	Fast 70 Prozent
Groß	50 Prozent	Fast 80 Prozent

Tabelle 2: Anteil der Lizenztitel im Gesamtprogramm angesichts der Verlagsgröße (vgl. Hömberg 2010: 69)

Das Verlegen von Lizenztiteln ist also von der Größe der Verlage abhängig. Je größer Verlage sind, desto mehr Übersetzungen haben sie im Portfolio.

3.1 Zusammenhang der Titelproduktion mit der Verlagsstruktur

Beim Vergleich der statistischen Kennzahlen der Verlage ohne Lektoren mit den Verlagen mit Lektoren zeichnen sich bedeutsame Unterschiede ab:

Verlagstyp	Anzahl der Buchtitel in Erstauflage (im Schnitt)	Beschäftigung der Mitarbeiter	Jährlicher Umsatz vor Steuer
Verlage ohne Lektoren	zwischen 10,5 und 17,3	zwischen 2,3 und 5,0 Mitarbeiter	zwischen 370 000 und einer Million Euro
Verlage mit Lektoren	zwischen 50,0 und 84,4 Buchtitel	zwischen 16,7 und 37,1 Mitarbeiter	zwischen 4,7 und 9,2 Millionen Euro

Tabelle 3: Verglastypen und literarische Produktion (vgl. Hömberg 2010: 70)

Die Tabelle zeigt, dass Verlage mit Lektoren deutlich höheren Umsatz erzielen als Verlage ohne Lektoren. Die erste Gruppe bringt auf den Markt auch durchschnittlich viermal mehr Titel. Diese Tatsache hat den Einfluss auf den Entscheidungsprozess *Manuskriptakquise*, weil Kompetenzen der Lektoratsmitarbeiter und ihre Pflichten anders wahrgenommen werden.

Es gibt auch Zusammenhänge zwischen der Beschäftigung von festen Lektoren und dem Engagement des Verlegers im Lektorat. Bei über zwei Dritteln der Verlage ohne feste Lektoren werden Lektoratsaufgaben von Verlegern wahrgenommen, dagegen in Verlagen mit festen Lektoren befasst sich der Verleger nur in rund einem Drittel der Fälle mit Lektoratstätigkeiten.

Zwischenfazit

Die Größe des Buchmarktes determiniert die Handlungen ihrer Aktanten, die wiederum den Einfluss auf Literatur selbst hat. Der deutsche Buchmarkt gehört in Bezug auf literarische Produktion zu den größten auf der Welt. Über 10 Prozent der literarischen Bücher auf dem deutschen Markt funktionieren als Übersetzungen, zu größten aus dem Englischen. Diese Texte werden im Entscheidungsprozess *Manuskriptauswahl* anders behandelt als Originalausgaben, weil sie sich schon auf einem fremden Markt etabliert haben.

4 Rechtliche Voraussetzungen literarischer Produktion

Die Entscheidung, was für Texte zur Veröffentlichung angenommen werden, wird auch durch Gesetzgebung – Urheberrechtsgesetz und Strafgesetz – determiniert.

Die Europäische Union verfügt über kein einheitliches Urheberrecht (vgl. Lettl 2008: 1). Deswegen werden die Voraussetzungen und die Modalitäten des Schutzes des intellektuellen Eigentums – an literarischen und künstlerischen Werken – den Mitgliedstaaten freigelassen. In Deutschland gilt das Gesetz über Urheberrecht und verwandte Schutzrechte (Urheberrechtsgesetz – UrhG) vom 9. Oktober 1965, während in Polen das Gesetz über Urheberrecht und verwandte Schutzrechte vom 4. Februar 1994.

Meinungs- und Kunstfreiheit sind im Grundgesetz der Bundesrepublik Deutschland verankert: im Artikel 5 Absatz 1 – „Jeder hat das Recht, seine Meinung in Wort, Schrift und Bild frei zu äußern und zu verbreiten [...]“ und im Art. 5 Abs. 3 – „Kunst und Wissenschaft, Forschung und Lehre sind frei.“[9]. Im Strafgesetzbuch werden jedoch bestimmte Inhalte aufgelistet, deren Verbreitung als Straftat bezeichnet wird.[10] Demzufolge werden u. a. folgende Themen untersagt: Verunglimpfung des Bundespräsidenten (§ 90), Verunglimpfung des Staates und seiner Symbole (§ 90a), Offenbaren von Staatsgeheimnissen (§ 95), Beleidigung von Organen und Vertretern ausländischer Staaten (§ 103), Sicherheitsgefährdendes Abbilden (§ 109g), Volksverhetzung (§ 130), Gewaltdarstellungen (§ 131) oder Verbreitung pornographischer Schriften (§ 184). Immerhin bleibt es offen, ob Fiktion als Textsorte (im Gegensatz zu Sachbüchern) auch diesen Regeln untergeordnet wird. In Polen dagegen garantiert die Kunstfreiheit § 73 der polnischen Verfassung – „Jedem wird die künstlerische Freiheit garantiert“[11] (übersetzt von MO). Die Veröffentlichung von pornographischen Inhalten gilt auch laut § 202 des polnischen Strafgesetzbuches als strafbar.

Diese Regulierungen determinieren, welche Texte in Verlagen zur Veröffentlichung aufgenommen werden. Die Kunstfreiheit wird in Polen und in Deutschland in ihren Grundgesetzen zwar garantiert, aber die Strafgesetzbücher lassen die Verbreitung von bestimmten Themen wie z. B. Pornographie nicht zu.

---

9 Www.bundestag.de/dokumente/rechtsgrundlagen/grundgesetz/gg_01.html.
10 Www.gesetze-im-internet.de/bundesrecht/stgb/gesamt.pdf.
11 Www.sejm.gov.pl/prawo/konst/polski/kon1.htm.

4.1 Manuskript als Gegenstand des Urheberrechtes

Ein Manuskript wird im Lichte des Urheberrechts als (sprachliches) Werk betrachtet, wenn bestimmte Bedingungen erfüllt sind. Der Urheber ist nach § 7 UrhG der Schöpfer („eine natürliche Person“) des Werkes („einer persönlich geistigen Schöpfung“) (vgl. Lettl 2008: 28). Manuskripte werden als Sprachwerke (§ 2 I Nr. 1 und II UrhG) bezeichnet, weil in diesem Fall ein geistiger Gehalt durch das Mittel der Sprache zum Ausdruck kommt. Eines der entscheidenden Kriterien bei der Anerkennung eines Textes für die urheberrechtliche Schutzfähigkeit ist seine Textsorte (u. a. Texte von Gesetzen und einfache Kurzmitteilungen sind vom Urheberrecht nicht geschützt). Außerdem werden der Grad der Individualität und der Umfang berücksichtigt, aber es gibt keine Minimumgrenze, wenn es um die Zahl der Wörter oder Sätze geht. Nach Tobias Lettl sei es darauf hinzuweisen – je länger ein Text ist, umso mehr Spielraum besteht für eine individuelle Gestaltung (vgl. Lettl 2008: 48f.).

Bevor ein Manuskript in einen Verlag aufgenommen wird, wird es überprüft, ob es überhaupt dem Urheberrecht unterliegt (und z. B. kein Plagiat ist). Erst das positive Urteil macht den Entscheidungsprozess – einen Text aufzunehmen oder abzulehnen – möglich. Dann kommt es zu Vertragsverhandlungen.

4.2 Verlagsvertrag als Verpflichtung zum Schreiben sowie Verlegen

Bücher können in Folge von verschiedenen Initiativen entstehen: aus unaufgefordert eingesandten Manuskripten, aus auf Bitte eingereichten Texten oder aus der Zusammenarbeit von Verlagsmitarbeitern mit Autoren. Im Übrigen kann noch vor dem Manuskriptübergabe der Vertragsvertrag unterzeichnet werden, der Verhältnisse zwischen dem Verleger und dem Urheber (hier: Schriftsteller/in bzw. Rechtsinhaber/in) regelt.

Nach Jerzy Serda wurden früher Übertragungsrechte für Manuskripte im Verlagsvertrag mit keinem Anspruch auf Veröffentlichung übergegeben (vgl. Serda 1980: 7 ff.). Dessen erste Form war die „Erlaubnis zum Druck und Verlag“ aus dem 15. Jahrhundert, die Forderung der Ernennung des Autors auf der Titelseite zur Folge hatte. Erst die Französische Revolution sorgte für das Gedankengut und es wurde zum Fundament des heutigen Urheberrechts, das in den Mittelpunkt des Schutzes den Urheber und sein Werk stellt. Heutzutage umfasst der Verlagsvertrag Pflichten beider Parteien in Bezug u. a. die Form des Manuskriptes, die Vergütung und den Termin der Manuskriptübernahme. Dessen Bedingungen regelt das Verlagsgesetz (VerlG).

Der Prozess der Manuskriptakquise wird also auch durch die Gesetzgebung geregelt. Wenn ein aufgrund eines Verlagsvertrages entstandenes Manuskript im Verlag eingereicht wird, wird es auf seine Richtigkeit in Bezug auf die im Verlagsvertrag bestimmten Voraussetzungen überprüft:

> In der auf die Manuskriptaufnahme vorausgesehenen Zeit sollte sich Verleger mit dem Werk vertraut machen und einschätzen, ob das gelieferte Werk die Voraussetzungen aus dem Vertrag erfüllt. Die Einschätzung betrifft die formelle und meritorische Dimension des Werkes. Die formelle Dimension umfasst die Form des Manuskriptes, sein Umfang und seine Vollständigkeit. Die meritorische Dimension betrifft das künstlerische oder meritorische Niveau des Werkes. (Karpowicz 2009: 145; übersetzt von MO)

Wenn das Werk alle formellen Bedingungen erfüllt, Verleger bestätigt schriftlich die Manuskriptübergabe, wie berichtet Andrzej Karpowicz (vgl. Karpowicz 2009: 143). Wenn kein Verlagsvertrag unterschrieben wurde, haben Verlage keine Verpflichtung, ein Manuskript aufzunehmen. Der Autorenvertrag verpflichtet dagegen den Verleger zur Publikation, auch wenn das Ergebnis nicht seinen ursprünglichen Vorstellungen entspricht.

4.3 Rahmenvertrag als Versuch der Standardisierung der Autor-Verleger-Verhältnisse

In Zusammenarbeit vom Verband deutscher Schriftsteller in der Gewerkschaft ver.di und dem Börsenverein des Deutschen Buchhandels wurde ein Normvertrag für den Abschluss von Verlagsverträgen (vorwiegend belletristischer Werke und Sachbücher), vom 19. Oktober 1978 in der Fassung vom 1. April 1999, ausgearbeitet.[12] Dies sei ein Muster für „ausgewogene“ und „faire“ Verlagsverträge auf dem Buchmarkt, die die Interessen beider Parteien gewähren sollen. Diese Vereinbarungen, die nur Empfehlungscharakter haben und den Mitgliedern der Verbände nicht verbindlich auferlegt werden, betreffen u. a. folgende Aspekte: Rechtsein-räumungen, Verlagspflichten, Absatzhonorare für Verlagsausgaben, Nebenrechtsverwertung (u. a. das Recht auf fremdsprachliche Übersetzung, Bearbeitung für Theater/Rundfunk/
Fernsehen/Kino, Buchclubausgaben, Zitate und Veröffentlichung in Anthologien), Freiexemplare, Korrektur sowie Manuskriptablieferung. Laut dem Vertrag hat ein Autor sein komplettes Manuskript (samt der selbst beschafften fremdem Text- und/oder Bildvorlagen,

[12] Der Normvertrag erhältlich: www.boersenverein.de/sixcms/media.php/976/Autorennormvertrag.pdf.

die keine Rechte Dritter verletzen) in druckreifem Zustand zu einer bestimmten Zeit dem Verlag abzuliefern (vgl. Rehbinder 2010: 263).

4.4 Marktvorteile eines Buches durch die ermäßigte Mehrwertsteuer und das Preisbindungsgesetz in Deutschland

Als wettbewerbspolitische Maßnahme kann der in Deutschland reduzierte Mehrwertsteuersatz von 7 Prozent und in Polen 5 Prozent für Verlagsprodukte angesehen werden. Dieser führt dazu, dass Bücher billiger sind und eine vergrößerte Nachfrage entsteht, die durch größere und/oder neue Auflagen aufgedeckt werden kann (vgl. Wirtz 2011: 216).

Während in Polen Ladenpreise für Bücher frei sind, gilt auf dem deutschen Buchmarkt das Gesetz über die Preisbindung für Bücher (Buchpreisbindungsgesetz – BuchPrG), dessen letzte Fassung vom 14. Juli 2006 stammt.[13] Das Buchpreisbindungsgesetz beeinflusst den Entscheidungsprozess, ein Manuskript zur Veröffentlichung annehmen oder abzulehnen, weil das Marketingsinstrument *Preis* entfällt und Verlage gezwungen sind, auf andere Weise für Bücher zu werben. Die Diskussion über Vor- und Nachteile der Buchpreisbindung ist bis heute umstritten. Einerseits liegt dieser Regelung die Vorstellung des Buches als schützenswertes Kulturgut und Sicherung eines breiten Buchangebots zugrunde. Die Befürworter von BuchPrG argumentieren, dass es Titelvielfalt garantiere. Bei Abschaffung der Buchpreisbindung werde sich das Angebot der lieferbaren Titel verkleinern, da nur noch Bestseller, aber keine Nischenliteratur verlegt werde. Außerdem sei die Buchpreisbindung eine zuverlässige Grundlage für Kostenkalkulation (vgl. Clark 1996: 65 ff.; Heinold 2001: 72 f.; Dittus 2012; Schütz 2005: 88 f.; Wirtz 2011: 216 f.). Andererseits wird das Marketinginstrument *Preis* dadurch beschränkt, dass verbindliche Preise beim Verkauf an Letztabnehmer festgesetzt werden. Die Gegner der Buchpreisbindung ergreifen das Wort, dass das Ziel der Kulturförderung verfehlt wird: der Konsument bezahlt zu hohe Preise, innovative Buchhändler werden für ihre Anstrengungen nicht gepriesen und es gibt *zahlreiche* bestehende Fördermaßnahmen, die gezielter wirken.[14] Hanno Beck ist der Meinung, dass manche Titel nach der Abschaffung der Buchpreisbindung verschwinden würden, weil sie heutzutage quersubventioniert werden. Die Buchpreisbindung ermöglicht es den Verlagen, mit dem Gewinn aus gut verkauften

---

13 Der Inhalt des Gesetzes ist erhältlich unter: www.preisbindungsgesetz.de/content/info/1009-preisbindungsgesetz-deutschland.htm. Preisbindung für Bücher existiert in Deutschland zwar seit 1888, aber in Form vom Buchpreisbindungsgesetz seit dem 1. Oktober 2002.

14 Vgl. www.buchpreisbindung-nein.ch/.

Büchern diejenigen Titel zu bezuschussen, die ansonsten zum kostendeckenden Preis keine Käufer finden würden (Beck 2005: S. 157 ff.). Bernd B.Wirtz beweist aber, dass es noch nicht nachgewiesen würde, dass die Quersubventionierung in den einzelnen Verlagen tatsächlich erfolgt (vgl. Wirtz 2011: 216 f.).

Zwischenfazit

Zusammenfassend beeinflussen das Urheberrecht, das Strafgesetzbuch sowie das Preisbindungsgesetz das Literatur-System in Deutschland. Sie determinieren die Größe der Buchproduktion und regulieren, welche Inhalte durch Verlage veröffentlicht werden dürfen.

5 Lektorat als eine „Dunkelzone innerhalb der Verlagsarbeit"

Der Ausgangspunkt dieser Arbeit die Überzeugung, dass sich das deutsche Verlagswesen aus dem Bedürfnis der ökonomischen Regulierung der Vermittlung von Büchern in der Gesellschaft entwickelte. Das Risiko, das mit der Veröffentlichung einer neuen Ausgabe verbunden war und bis zum 19. Jahrhundert von Druckern oder Autoren selbst getragen worden ist, übernahmen Verlage.[15] Die zunehmende Literaturproduktion trug zur Spezialisierung auf dem Buchmarkt und dadurch zur Erweiterung der Wertschöpfungskette bei. Zuerst sorgten Verleger selbst für Manuskripte, sie pflegten Kontakte mit Autoren und redigierten ihre Texte. Manche Autor-Verleger-Verhältnisse wurden ausführlich bearbeitet, wie die Zusammenarbeit von Johann Wolfgang von Goethe und Johnann Friedrich Cotta (vgl. Unseld 1991) sowie die Kooperation von Hermann Hesse und Peter Suhrkamp (vgl. Hesse 1987). Trotzdem weist Jan Muszkowski darauf hin, dass die Bestimmung des An-forderungsprofiles des Verlegers schwierig sei (vgl. Muszkowski 1951: 206f.). Eine in wissenschaftlichen Fakultäten erlernte Profession habe zur Seltenheit im Verlagswesen gehört. Stattdessen erfolgte die Berufslehre von neuen Arbeitskräften intern in Verlagen. Parallel zu Leserevolutionen und sich daraus ergebenden Explosion von Lektürebedürfnissen, entwickelten sich Verlage zu Unternehmen, wo in verschiedenen Abteilungen mehrere Menschen angestellt werden.

Da die Größe der literarischen Produktion Verleger überlastete, entstanden Verlagslektorate. Die Lektüre von immer mehr Manuskripten und Akquisition neuer Autoren in einem expandierenden Unternehmen erforderten immer mehr Arbeitsaufwand. Die Hauptaufgabe war die Beurteilung von, größtenteils unverlangt eingereichten, Manuskripten (vgl. Pape 1982: 205). Nach Schätzungen aus den zwanziger und dreißiger Jahren des 20. Jahrhunderts gelangten Verlage zwischen 5 bis 10 Manuskripte pro Tag, anders gesagt 3.000 jährlich (vgl. Langenbucher 1936: 158). Da sich Verleger nicht mehr um das Gesamtprogramm kümmern konnte, wurden Kompetenzen an Verleger und Lektoren verteilt.

Im Laufe der Zeit wandelten sich Kompetenzen der Lektoren. Die Überlieferungen weisen nach, dass den Verlegern bei der Manuskriptbeurteilung schon im 18. und 19. Jahrhundert geholfen wurde; diese Rolle spielten vor allem Schriftsteller und Gelehrte, die vorwiegend „projektbezogen" arbeiteten (vgl. Schneider 2005: 10 f.). Marion Janzin meint dagegen, dass sich feste Lektorenstellen in Verlagen erst Anfang des 20. Jahrhunderts

[15] Das Phänomen *Selbstverlag* erlebt seit einiger Jahren dank Print-on-Demand-Verfahren und Self-Publishing-Plattformen im Internet seine Blütezeit.

entwickelten, zuerstmal im S. Fischer Verlag und Rowohlt Verlag (vgl. Janzin/Güntner 2007: 455ff.). In modernen Verlagen kommen Lektoraten auch andere Aufgaben hinzu: Manuskriptakquise, Pflege der Kontakte mit Autoren, Redigieren von Texten, Programmbildung und neulich auch Projektmanagement.

Die Studie zur Berufsgeschichte des Lektors, die von Ute Schneider durchgeführt wurde, hatte zum Ziel, aus Briefen und Lektoratsgutachten organisatorische Vorgänge im Verlag zu rekonstruieren und daraus die Lektorenidentität nachzuvollziehen (vgl. Schneider 2005). Diese Aspekte sind relevant für die Erschließung der Frage, wie der Prozess der Manuskriptakquise und die Entscheidung über seine Veröffentlichung in Verlagen bzw. Verlagslektoraten erfolgt. Der Status des Lektors hat den Einfluss auf seine Entscheidungskompetenz über die Annahme oder Ablehnung von Manuskripten und Schneider versucht ihn aus Veränderungen im historisch-kulturellen Kontext abzuleiten (vgl. Schneider 2005). Diese Aufgabe ist erschwert, weil die Identität der Lektoren als handelnden Aktanten im Prozess der Literaturvermittlung nur an einzelnen Beispielen untersucht worden sei: Renate von Heydebrand versuchte aufgrund Literaturkritiken von Lektor Moritz Heimann seine literarischen Werte zu entdecken (vgl. Heydebrand 1984). In einer anderen Studie werde nachgewiesen, dass der Reclam-Lektor Ernst Sander besonders junge unbekannte Autoren gefördert habe. Die Problematik, wie bestimmte Lektoren ihren Einfluss auf die Literatur ausüben, sei nur ansatzmäßig angesprochen (vgl. Schneider 2005: 12 ff.).

Die Entscheidungskompetenz der Lektoren ist stark durch die Verleger-Instanz begrenzt. Obwohl Lektoren fast hundert Jahre als Aktanten im literarischen Vermittlungssystem mitagieren, sind die meisten Lektoratsmitarbeiter anonym geblieben. Dies ist einer der Gründe für die mangelnde wissenschaftliche Erforschung des Berufs. Walter Hömberg betont, dass es aktuelle empirisch-analytische Bestandsaufnahmen zur Berufssituation und zur Arbeitsweise des Verlagslektors fehle (vgl. Hömberg 2005: 15f.). Ein wesentlicher Grund für die geringe Anzahl wissenschaftlicher Untersuchungen zum Lektorenberuf liege in der problematischen Quellenlage (vgl. Schneider 2005). In Literatur-Archiv in Marbach gebe es eine „sehr" geringe Zahl der Lektoratsgutachten zu angenommenen wie abgelehnten Manuskripten. Herbert G. Göpfert charakterisierte deshalb den Untersuchungsgegenstand *Lektor und Lektorat* innerhalb der Literatur- und Buchwissenschaft als eine „Dunkelzone innerhalb der Verlagsarbeit" (Göpfert 1984). Dieser Sachverhalt trug zur Erweiterung des Lektor-Diskurses bei. Dem Lektor werden unterschiedliche funktionelle Bezeichnungen zugewiesen, u. a.: Perlenfischer, Trüffel-schwein, Programmarchitekt, Vermittler zwischen

Autor und Markt, Seelentröster, Antreiber, Kritiker, inhaltsverliebte Schöngeister, kühle Akquisiteure von Erfolgstiteln und heutzutage intensiv geprägte Rolle des Produktmanager (vgl. Lucius 2005, Schneider 2005, Breyer-Mayländer 2010).

Für den unvollendeten Prozess der Professionalisierung des Lektorberufs ist u. a. ungeregelter Berufszugang verantwortlich. So fanden sich im Programm der Universitätsstudiengänge nur selten spezielle Kurse zum Beruf des Lektors. In Branchen-Handbücher befinden sich auch lediglich oberflächliche Informationen über Funktion und Arbeitsweise des Lektors. Demzufolge wurde Lektor zum Beruf ohne Berufsbild und ohne Ausbildungsstandards. Dieser Sachverhalt verändert sich schrittweise, weil neue Bücher entstehen, die diese Problematik ansprechen, vor allem Handbücher für Medienberufen sowie Erfahrungsberichte von Lektoren (vgl. u. a. Uhlig 1972; Keuchen 1986, 1987; Davies 1995; Serie „Der Autor und sein Lektor" im „Börsenblatt für den Deutschen Buchhandel", erstmals in Heft 74/2000 erschienen; Wallmoden 2010) und Sammelbände, die die Lektoratstätigkeit u. a. aus soziologischer, literaturwissenschaftlicher sowie historischer Perspektive skizzieren (vgl. Schneider 1997), Erfahrungen aus dem Lektoren-Werkstatt liefern (vgl. Siblewski 2005) sowie das Ende des Lektorats in seiner „traditionellen" Gestalt diagnostizieren (vgl. Nickel 2006). Seit 2007 erschien alle zwei Monate eine „Zeitschrift für Lektorinnen & Lektoren", die sich mit Problemen aus der Berufspraxis auseinandersetzt. Nach neun Heften wurde sie jedoch eingestellt.

Außerdem wurden Universitätsfakultäten gegründet, die Fachkräfte im Buchwesen herausbilden, u. a. an Universitäten in München, Mainz und Leipzig. Für die Entwicklung eines eigenen Berufsbildes sind auch berufsspezifische Aus- und Fortbildungseinrichtungen wie z. B. in der Akademie des Deutschen Buchhandels in München oder der Buchhändlerschule Frankfurt a. M.-Seckbach verantwortlich. 2000 wurde in Frankfurt am Main der Verband für freie Lektorinnen und Lektoren (VfLL) gegründet, der für Erfahrungsaustausch und Organisation von Seminaren zur Weiterbildung sorgt, also ein Lektoren-Netzwerk entwickelt.

Zwischenfazit

Zusammenfassend ist festzustellen, dass sich die Rolle des Lektors im Laufe der Zeit veränderte. Die Forschung erschwert der Mangel an Quellen zur Tätigkeit der Verlagslektoren in Bezug auf ihre Kompetenz, Manuskripte zu akquirieren und über ihre Veröffentlichung zu entscheiden. Deswegen führt jede Initiative, die zur Professionalisierung des Lektor-Berufs beiträgt, zum genaueren Verständnis für die Rolle der Lektoren im Prozess der Manuskriptakquise und -auswahl.

6 Verleger und Lektoren als Aktanten im Verlagswesen

Die Rolle des Lektors im Prozess der Verlagsproduktion hängt von vielen Parametern ab: dem Verlagsprogramm, der ökonomischen Stärke des Unternehmens und der Infrastruktur des jeweiligen Verlags (vgl. Keuchen 1986: S. 14 f.). Die Analyse von deutschen und polnischen aktuellen Handbüchern für Medienberufe zeigt ein differenziertes Bild von Lektoratsaufgaben. Im Mittelpunkt ihrer Aufgaben steht die Koordinierung der Verlagsarbeit: Sie arbeiten mit Autoren, Agenten, Gutachtern, Übersetzern, sowie intern mit Mitarbeitern der Verlagsabteilungen zusammen.

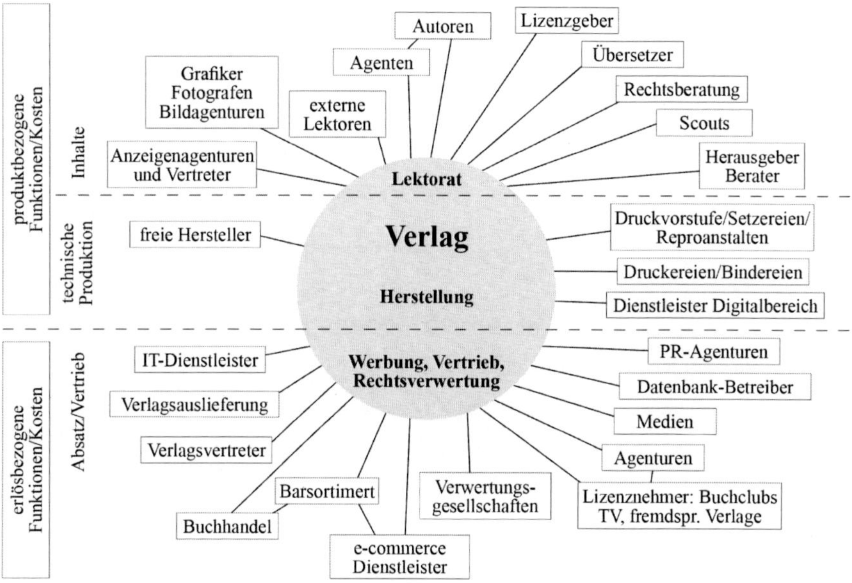

Abbildung 4: Der Verlag im Netzwerk von Dienstleistern, Lieferanten und Abnehmern (vgl. Lucius 2005: 81)

Der Raster zeigt, dass das Funktionieren der Verlagslektorate und die Wertsc]
von seinen Mitarbeitern aus dem Netzwerk abhängt. Der Lektor erfüllt die Doppelfunktion: Einerseits vertritt er Interessen seines Verlages, weil er auch für den ökonomischen Erfolg steht, andererseits arbeitet er am engsten mit den Autoren, Übersetzern und Literaturagenten zusammen.

Röhring weist darauf hin, dass Lektors „ursprüngliche Haupttätigkeit des Lesens (lat. lector = Leser), Prüfens und Bearbeitens von Manuskripten heute nur noch ein geringer Teil der Aufgabenbereiche im Lektorat ist“ (Röhring 2008: 26). Seit Jahren wird auch das Produktmanager-Selbstbild stark geprägt, sodass die Rolle des Redigierenden nicht mehr im Vordergrund stehe, erläutert Göbel (Göbel 1997: 9 ff.) sowie Keuchen:

> Aufgaben in den Bereichen Planung, Organisation, Koordination, Vertrieb usw. bestimmen das Bild, Die Arbeit am Manuskript reduziert sich in manchen Bereichen auf unter 20 % sonstiger Aktivitäten, mit den entsprechenden Problemen im Hinblick auf Qualität und Termine. (Keuchen 1986: 14 f.)

Angesichts der großen Titelproduktion, insbesondere in Taschenbuchlektoraten, fehlt es nach Doris Mendlewitsch den Hauslektoren die Zeit für die Manuskriptbetreuung, weil sie mit ihren Aufgaben überfordert werden. Deswegen geben Lektoren, von Ausnahmefällen abgesehen, diese Arbeit an ihre freien Mitarbeiter weiter (vgl. Mendlewitsch 1996: 26).

6.1 Anforderungen an Lektoren und ihre Kompetenzen

Der ideale Lektor ist so etwas wie die Quadratur des Kreises. (Piper 1991)

Das Lektorat in belletristischen Verlagen gehört zu den Berufsgruppen mit dem differenzierten Profil. Die Vielfalt der Herausforderungen, die vor Lektoren gestellt werden, trägt auch dazu, dass das Anforderungsprofil im Lektorat nicht eindeutig festzustellen ist. Unterschiedliche Kompetenzen werden von Lektoren verlangt. Als Erstes kann die inhaltliche Kompetenz erwähnt werden, die je nach Buchwarengruppe, die Lektor betreut, variiert. Der Ausgangpunkt liegt dieser Arbeit zugrunde, dass andere Wissensbestände und Kompetenzen gebraucht werden, wenn man an Kinder- bzw. Jugendliteratur und an Sachbüchern arbeitet (vgl. Mendlewitsch 1996: 26). Manuskripte sind geistiges Eigentum, deswegen unterliegen sie dem Schutz des Urheberrechtes. Von Relevanz ist deswegen auch Kenntnis von juristischen Aspekten, insbesondere auf dem Gebiet des Urheberrechts. Der Sonderstatus des Buches bedeutet nicht, dass sie von politischen und ökonomischen Umständen frei sind. Sie werden durch den Verlag vervielfältigt und auf den Buchmarkt herausgebracht. Seit sie von Kunden zu erwerben sind, gelten sie als Wirtschaftgüter. Verlage werden zu Unternehmen, die Gewinn zu leisten haben, damit sie funktionieren. Diese Situation veranlasst Verlagsmitarbeiter die Leistungsökonomie bei der Arbeit zu berücksichtigen. In diesem Licht wird der Lektor als Produkt- bzw. Projektmanager gezeigt. Belletristischen Büchern werden auch Werte zugewiesen, die sich auf ästhetische Normen beziehen (vgl. Urbich 2011). Kerlen weist auf „Sinn für Ästhetik“, also die Fähigkeit zwischen „hässlichen“ und „schönen“ Texten zu unterscheiden (vgl. Kerlen 2006: 73 ff.). Dieses Kriterium ist einer der wichtigsten, auf die sich literarische Wertung bezieht. Im Übrigen kommt die Fähigkeit hinzu, Texte zu konstruieren: Es geht vor allem um Texte zu Werbungszwecken wie Klappentexte. Unter Soft Skills werden im Lektorat vor allem Extravertiertheit, Sozialkompetenz, Neugier, Reiselust, Risikobewusstsein und kaufmännisches Verantwortungsgefühl geschätzt (vgl. Lucius 2005: 88 f.). Stanley Unwin hat auch ein Anforderungsprofil gebildet:

> Zahllose Leute glauben, für den Posten eines Lektors geeignet zu sein, aber nur ein außerordentlich kleiner Kreis ist wirklich in der Lage, den Anforderungen zu genügen. Dabei ist es nicht leicht, genau zu definieren, was von einem Lektor verlangt wird. Manche Firmen würden sagen: „der Riecher für einen Schlager" [...]. Die meisten Verleger, die an ihrem Beruf hängen, halten wohl in erster Linie ein sicheres literarisches Urteil [...] bei einem idealen Lektor für das wichtigste [...].
>
> Wirklich gute und erfolgreiche Lektoren besitzen meiner Meinung nach fast ausnahmslos praktische Verlagserfahrung oder sie haben sich genaue Kenntnisse von den Voraussetzungen des Verlagshandels angeeignet. (Unwin 1968: 26).

In der Aussage von Unwin werden nicht nur philologische, sondern auch buchwissenschaftliche Kompetenzen berührt. In der Buchwissenschaft wird der Bestseller-Problematik viel Platz gewidmet. Es werden Voraussetzungen für Erfolg von meist-verkauften Büchern erforscht (vgl. Keuschnigg 2012).

6.2 Lektoratstätigkeiten in deutschen Verlagen

Die innere Struktur des Verlages wird heutzutage nach dem Geschäftsmodell organisiert. Die wirtschaftlich bedeutsamen Verlage werden meistens in Abteilungen gegliedert, wie z. B. Lektorat, Recht-, Werbungs- und Herstellungsabteilung sowie Vertrieb, die sich mit bestimmten Bereichen der Verlagstätigkeit beschäftigen (vgl. Breyer-Mayländer 2010: 497).

Die Tätigkeitsfelder im Lektorat sind vielfältig und differenziert, es gibt unterschiedliche Lektoratspositionen. Hömberg hat die Untersuchungen durchgeführt, die nachgewiesen haben, wer bestimmte Lektoratsaufgaben in den deutschen Verlagen ausübt (vgl. Hömberg 2010). Die Analyse der Verlagsbefragung zeigt, dass bei rund zwei Dritteln der Verlage der Verleger diese Aufgaben übernimmt. Dies steht im Widerspruch mit der Ansicht von Janzin, die feststellt, dass der Organisationstypus, in dem der Besitzer an der Spitze seines Hauses steht und zugleich als Kaufmann und Programmchef steht, heute ein Ausnahmefall sei. Stattdessen werde der Verlag in der Regel von einem oder zwei Verlagsleitern geführt (vgl. Janzin/Güntner 2007: 455 ff.). Nach Hömberg wird bei fast ebenso vielen Verlagen weder ein fest angestellter Lektor noch ein freier Lektor beschäftigt. Lektoratsassistenten sind nur bei rund zwölf Prozent der Verlage, Verlagsvolontäre nur bei rund vier Prozent zu finden. In einigen Verlagen wird die Arbeit der Lektoren auch von Mitarbeitern aus den Bereichen Herstellung, Vertrieb und Marketing übernommen.

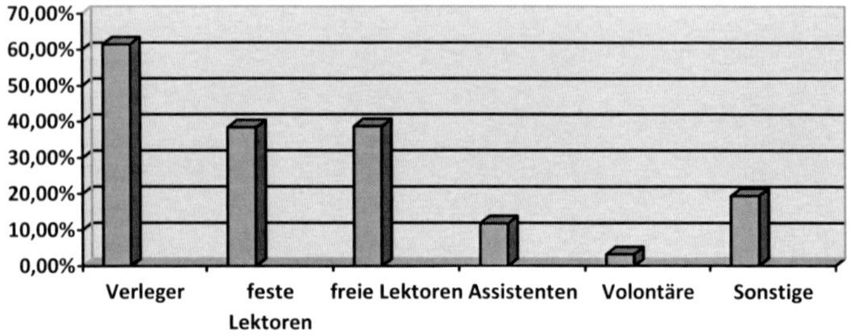

Abbildung 5: Ausübung der Lektoratsarbeit in den deutschen Verlagen (vgl. Hömberg 2010: 61)

Bei der Analyse der Lektoratsstrukturen kommt ein signifikanter Unterschied zwischen den kleinen und den großen Verlagen in den Vordergrund. Während in den kleinen Verlagen bei rund zwei Dritteln die Verleger Teile der Lektoratsarbeit übernehmen, beträgt der Anteil in den großen Verlagen rund 20 Prozent. Hinsichtlich der Zahl der fest angestellten Lektoren bemerkt man das Umgekehrte: In den Kleinverlagen sind rund 30 Prozent der Lektoren festangestellt, dagegen sind in den großen Unternehmen fast alle Lektoratsmitarbeiter unter solchen Bedingungen tätig. Die Wahrscheinlichkeit, dass Volontäre und Assistenten in einem Lektorat anzutreffen sind, steigt ebenfalls mit der Verlagsgröße. Außerdem besteht kein bedeutender Zusammenhang zwischen der Größe des Verlages und dem Engagement der freien Lektoren.

Die Lektoratstruktur verändert sich im Laufe der Zeit. Die Ergebnisse der Studien von Coser, die den amerikanischen Buchmarkt betreffen, zeigen, dass in den siebziger Jahren die meiste Zeit dem Lesen von Manuskripten und dem Korrekturlesen gewidmet wurde. Die Lektorengemeinschaft ließ sich in drei Gruppen gliedern. Die erste befasste sich mit der Programmplanung, Ideenentwicklung und Manuskriptakquise (das sog. „exploration cluster"). Die zweite konzentrierte sich vor allem auf die Betreuung der Autoren und ihrer Texte. Die dritte kennzeichnete sich dadurch, dass ihre Vertreter oft an Konferenzen und Besprechungen teilgenommen haben (vgl. Coser et al. 1982: 122ff.; Hömberg 2010: 100).

Walter Hömberg führte unter Lektoren in deutschen Verlagen eine Anfrage über ihr berufliches Tätigkeitsportfolio. Trotz der hier früher angedeuteten Tendenz zur Veränderung der Lektorsrolle zum Produktmanager ergibt sich aus Hömbergschen Untersuchung, dass die Betreuung der Autoren die zentrale Tätigkeit der Lektoren ist.

Tätigkeit	Häufig (%)
Autorenbetreuung	95,5
Prüfen von Aufbau und Stil	90,7
Schreiben von Infotexten	86,1
Erstellen von Manuskripten	85,5
Entwicklung neuer Buchideen	71,1
(Rechtschreib-)Korrektur	62,4
Kostenkalkulation	61,1
(Mitarbeit am) Layout	52,9
(Mitarbeit bei) PR/Marketing	42,4
(Mitarbeit bei) Herstellung	24,1

Tabelle 4: Ausgeübte Tätigkeiten der Lektoren (vgl. Hömberg 2010: 100)

95,5 Prozent der Befragten in der Hömbergschen Umfrage teilten mit, dass sie häufig mit ihren Autoren zusammenarbeiten. Nur 1,3 Prozent gaben an, dies nie zu tun. Eine wichtige Rolle spielen auch unter den Lektoratstätigkeiten Prüfen von Manuskripten (vor allem Aufbau und Stil) und Entwicklung neuer Buchideen. Aufgrund der Ergebnisse können drei Lektorentypen unterscheiden werden. Die meisten untersuchten Lektoren sind die „klassischen Allrounder“ (62 Prozent). Sie arbeiten häufig mit Autoren zusammen, befassen sich mit der Konzeptions- und Entwicklungsarbeit (Selektion von Manuskripten, Programmplanung) und arbeiten am Manuskript – sie überprüfen dessen Inhalt, Aufbau und Stil. Ihre Arbeitszeit, Berufserfahrung sowie die Höhe ihres Einkommens sind durchschnittlich.

Die zweite Gruppe (24 Prozent der Lektoren), die sich im Laufe der Befragung herauskristallisierte, besteht aus Projektmanagern. Sie betreuen ebenfalls oft Autoren, arbeiten aber ziemlich weniger mit Manuskripten und Werbetexten. Die meiste Zeit verbringen sie an der Kostenkalkulation und Zeitmanagement. 40 Prozent von ihnen sind erfahren – mit 10 bis 19

Berufsjahren. Die Zahl von ihnen bis zur Drucklegung bearbeiteten Texte ist mittelmäßig, obwohl sie im Schnitt 45 Stunden in der Woche tätig sind.

14 Prozent der befragten Lektoren gehören zu der Gruppe, die die meiste Zeit der Redaktion von Manuskripten widmet. Programmplanung nimmt ihnen gering Zeit in Anspruch. Im Vergleich zu Projektmanagern haben sie wenig Erfahrung: Rund die Hälfte von ihnen arbeitet erst seit maximal vier Jahren im Lektorat eines Verlages. Obwohl sie sich um mehr Bücher als die anderen kümmern, arbeiten sie ein bisschen weniger und verdienen nur 1549 Euro netto. Hömberg erklärt diesen Sachverhalt folgenderweise:

> Dies ist jedoch unter anderem durch ihr relativ junges Alter und den hohen Anteil von Frauen (80 Prozent) zu erklären. Beide Faktoren dürften auch dafür verantwortlich sein, dass Textarbeiter seltener in Führungspositionen zu finden sind (nur 30 Prozent statt durchschnittlich 41 Prozent). (Hömberg 2010: 102)

Wenn das Alter der Lektoren in Rücksicht genommen wird, stellt sich heraus, dass junge Lektoren mehr mit Manuskripten arbeiten, dagegen leisten sie weniger Entdeckungs- und Entwicklungsarbeit. Im Gegenteil – erfahrene Lektoren: Sie beurteilen Manuskripte auf ihre Drucktauglichkeit seltener. Mit der Erfahrung kommen neue Tätigkeiten hinzu wie Kostenkalkulation und Programmarbeit.

6.3 Lektoratsarbeit – Einflüsse und Kontexte

Die Arbeit der Verleger und Lektoren beeinflussen verschiedene Faktoren bzw. Autoritäten. Die Untersuchung von Hömberg legte empirische Daten vor, inwieweit sich die Lektoren bei ihrer Arbeit auf sich selbst und auf das berufliche Umfeld beziehen (vgl. Hömberg 2010: 135 ff.). Es stellte sich heraus, dass die verlagsinternen Faktoren dominieren. Über 50 Prozent der Lektoren hatten angegeben, dass sie von der Führungsebene der Verlage und der Lektorate beeinflusst werden, d. h. von Geschäftsführern und Cheflektoren. Den großen Einfluss üben auch Autoren, die Leserschaft sowie der private und persönliche Bekanntenkreis aus. Einen mittelmäßigen Einfluss auf die Lektorentätigkeit haben dagegen das Bildungssystem, Verbände, Fachexperten, andere Lektoren, Vertriebsmitarbeiter und Buchhändler. Schließlich sind für die Lektoren Hinweise, die von Literaturkritikern, Rezensenten oder literarischen Agenten erteilt werden, am wenigsten wert.

Außerdem hat das Programm den direkten Einfluss auf die spätere Auswahl von Manuskripten, es kann auch über die Situation von Büchern auf dem Buchmarkt entscheiden (vgl.

Kerlen 2006: 73 ff.). Ein Titel kann nur deswegen keinen Erfolg erreichen, weil er im falschen Verlag publiziert worden ist. Dieses Phänomen erläutert Thomas Breyer-Mayländer:

> Programmplanung bedeutet daher für den Lektor, möglichst gute Manuskripte für jene Programmbereiche zu finden, in denen sein Verlag stark ist. Ein ambitionierter, kunstvoll konstruierter Roman wird sich in einem auf Unterhaltungsliteratur spezialisierten Verlag ebenso schwer tun wie der eher seichte, aber flott geschriebene Unterhaltungsroman, der sich in das literarische Programm des Suhrkamp Verlags verirrt. (Breyer-Mayländer 2010: 517)

Im Gegensatz zum verlagszentrierten Modell der Programmplanung, die für Gewinne sorgt, deutet Jan Muszkowski an, dass auch Leser bei der Programmbildung mitwirken können bzw. sollten:

> Die Grundlage der Programmplanung in Verlagen sollten Bedürfnisse der Leser sein. Die Informationen darüber können aufgrund Umfragen, Interviews, Konferenzen und Feldforschungen gesammelt werden. Die Literatur sollten Gruppen, die aus Literaturwissenschaftlern, Literaturkritiker, Pädagogen und Bibliothekaren bestehen, zusammenstellen. (Muszkowski 1951: 216; übersetzt von MO)

Es wird auch heutzutage praktiziert, indem verschiedene Marketingsuntersuchungen ausgeführt werden. Dagegen der didaktische Aspekt bei der Programmierung spielt nicht unbedingt die zentrale Rolle im Entscheidungsprozess *Manuskriptakquise*.

Mit der Programmierung steht auch der Halbjahreszyklus des Verlagswesens im Zusammenhang. Der Halbjahresrhythmus kennzeichnet die Verlagsarbeit, in Details: Die Frankfurter Buchmesse im Herbst sowie die Leipziger Frühjahrsmesse bedingen den Zyklus der Titelveröffentlichung. Außer dem Inhalt spielt bei der Manuskriptakquise auch das Zeitmanagement eine wichtige Rolle. Wenn die Zeitplanung unsicher ist, kann es dazu führen, dass ein Buch keinen Erfolg bringt:

> Daher gilt für die Terminplanung die Regel: Keinem Titel ist damit gedient, wenn man ihn noch auf den letzten möglichen Zeitpunkt ins Saisonprogramm drückt. Im Juli statt im Mai ist allemal, die bessere Lösung. Die Entscheidung darüber fällt aber bereits Monate zuvor beim Redaktionsschluss des Frühjahrskataloges, also spätestens im Oktober des vergangenen Jahres. Wieder zeigt sich die Wichtigkeit eines langfristigen, vernünftigen *time managements*. Der Ökonomie der Geduld entspricht die Langwierigkeit der Planung. (Röhring 2008: 35)

Der kurze Lebenszyklus von Büchern ist einer wichtigsten Gründe für die kontinuierliche Einführung von Neuerungen. Neuauflagen sowie Nachdrucke bilden die sog. Backlist. Sie finanzieren auch zum Teil die Novitäten, die die sog. Frontlist darstellen. Das Verhältnis zwischen der Backlist und der Frontlist ist ein wichtiger Indikator für erfolgreiche, d. h.

ökonomisch betrachtet erlösbringende, Programmpolitik. Aus der ökonomischen Perspektive sind aber Neuerscheinungen mit hohem Risiko verbunden:

> So bergen Frontlist-Titel mit ihren Erstauflagen gegenüber Backlist-Titeln ein sehr viel höheres Risiko. Insbesondere für neue Titel von unbekannten Autoren, die noch keinen Marktwert haben, ist der Erfolg schwer einzuschätzen. (Clement et al. 2009: 111)

Deswegen entscheiden sich Verleger lieber für Lizenztitel oder bekannte Autoren, um das Risiko einer Erstauflage zu vermindern. Vom Grad der Bekanntheit des Autors hängt es ab, ob seine Bücher in den Verlag aufgenommen werden.

Exkurs: Vorteile des Reihenkonzeptes

Reihenkonzepte bieten dem Verlag den Vorteil, mehrere Titel gemeinsam bewerben zu können. Der Einzeltitel tritt hinter dem Reihenkonzept zurück, kann aber von diesem profitieren, wenn zum Beispiel junge, noch unbekannte Autoren mit renommierten, bereits etablierten Autoren in einer Reihe verlegt werden (vgl. Krüger 1984: 158). Programmplanung bezieht sich auf einzelne Titel oder auf Reihen. Die Auswahl erfolgt dann nach verschiedenen Kriterien.

Zwischenfazit

Resümierend ist festzustellen, dass Strukturierung deutscher Verlage auf Lektoratstätigkeit einen großen Einfluss hat. Interessanterweise befassen sich über 60 Prozent der Verleger in den deutschen Verlagen mit der Lektoratsarbeit. Die Kompetenz, über Annahme oder Ablehnung eines Manuskriptes zu entscheiden, wird aber in der Befragung von Hömberg nicht angesprochen. Trotzdem liefern die Ergebnisse seiner Untersuchung Erkenntnisse darüber, dass vor allem die jungen Fachkräfte die Verantwortung für passive Akquise (Drucktauglichkeitsprüfung) tragen, während erfahrene Lektoratsmitarbeiter häufiger Ideen für neue Titel oder Reihen entwickeln und mit Autoren zusammenarbeiten.

7 Manuskriptakquise und permanenter Drang nach neuen Texten

Verlegen ist ein Menschengeschäft. (vgl. Lucius 2005: 88)

Die Konkurrenz auf dem Buchmarkt setzt voraus, dass Novitäten einige Monate nach der Premiere für Leser, und deswegen auch für Buchhändler, nicht mehr interessant sind. Die Konsequenzen der Kommerzialisierung des deutschen Buchmarktes für die Arbeit der Lektoren erörtert genauer Dieter Wellershoff (vgl. Wellershoff 1969). Demzufolge hat die Akquise neuer Manuskripte höchste Priorität in den literarischen Verlagen in Deutschland (vgl. Unwin 1968: 17 ff.). Akquise ist keine einmalige Tätigkeit, sondern eine konstante Verpflichtung. Dabei gilt es vor allem, vielfältige Kontakte aufzubauen und zu pflegen, beispielsweise zu Autoren, Wissenschaftlern, Journalisten, Literaturagenten oder Verlagskollegen. Literarische Verlage können ihre Produkte selbst nicht erstellen. Auch wenn das Lektorat eine wichtige Funktion bei der Erstellung eines Buches hat, wird der größte Teil der kreativen Leistung verlagsextern durch den Autor erbracht. Deswegen sind sie das wichtigste Kapital der Verlage – ohne sie gäbe es keine Produktion und keinen Gewinn (vgl. Röhring 2008: 40 ff). Besonders literarische Verlagen hängen *stark* von ihren Autoren.

Hohe Autorenabhängigkeit Wenig bis mittlerer Lektoratseinfluss **Prägend sind Einzeltitel**	Literarischer Verlag Reiner Wissenschaftsverlag
Hohe Autorenabhängigkeit, aber fokussierte Zielgruppenarbeit Mittlerer Lektoratseinfluss **Prägend sind Themenfelder**	Wissenschafts- und Fachverlag
Mittlere bis geringe Autorenabhängigkeit Autoren austauschbar oder mehr Rohstofflieferanten Lektorate und Redaktionen gestalten und steuern **Prägend ist der Produkttypus**	Ratgeberverlage, mittelgroße Fachzeitschriften Schulbuch
Sehr geringe Autorenabhängigkeit Verlag erstellt die Inhalte weitestgehend selbst in Lektoraten/Redaktionen **Prägend ist das (Groß-)Produkt**	Lexikon- und Wörterbuchverlage Große Zeitschriften

Tabelle 5: Verlagstyp und Abhängigkeit von Vorlieferanten (vgl. Lucius 2005: 77)

Die Abhängigkeit der literarischen Verlage von seinen Vorlieferanten bringt eine hohe Unsicherheit in die Programmplanung und bewegt Verlagsmitarbeiter dazu, sich entsprechend um Hausautoren und neue Autoren zu kümmern. Lektorate sind mit ihrem Umfeld in *hohem* Maße vernetzt, sodass „gute“ Kontakte eine wichtige Rolle bei der Manuskriptakquise spielen, so meinen Branchenkenner (vgl. Clark 1996: 68 ff.; Lucius 2005: 88 f.; Unwin 1968: 22 ff. und Schickerling 2004: 26 ff). Wirtz stellt dieser Aspekt folgenderweise vor:

> Netzwerke stellen ein Core Asset dar, da auf den Beschaffungsmärkten für Lizenzen der Kontakt zu potentiellen Autoren und Agenten wichtig ist, um eher als die Wettbewerber Zugriff auf attraktive Manuskripte zu erhalten. (Wirtz 2011: 226)

Kleine Verlage können bei der Vorbereitung von Büchern ein Netzwerk aus spezialisierten Anbietern für Dienstleistungen wie Lektorat oder Layout nutzen und auf solche Weise Wettbewerbsvorteile erzielen, die bei der Akquise von *interessanten* Manuskripten von Bedeutung sind.

Lektoren brauchen sich nicht nur um neue Autoren zu bewerben, damit sie frische Texte bekommen. Sie können auch Texte der Autoren, deren Bücher schon im Verlag verlegt wurden, auf den Markt bringen. Darunter kann man Originalautoren und Lizenzautoren unterscheiden. Verlage können mit dem Autor im Verlagsvertrag über einen Optionsvertrag absichern, dass ein nächstes Buch dem Hausverlag als dem ersten Verlag vorgelegt wird:

> [Buchverträge werden] verbunden mit einer Option - damit erwirbt [der Verlag] das Recht, das Buch innerhalb eines festgelegten Zeitraums exklusiv zu prüfen. Oft muss er sich in relativ kurzer Zeit entscheiden. Erst wenn er sein Nein formuliert, erhält ein anderer Verlag die Möglichkeit, sich um die deutschen Rechte zu bemühen. Selbstverständlich gibt es Fälle, in denen eine solche Option nicht gewährt wird. Dann hat der Verlag die besten Chancen, der am schnellsten, das günstigste Angebot macht. (Röhring 2008: 40)

Daraus ist zu schließen, dass den Zufluss von Texten auch im Verlagsvertrag gewährt werden kann. Cornelius Bergmann, Lektor des Eugen Diederichs Verlags, schreibt im Brief an Bruno Nelissen-Haken über die Rolle der Hausautoren für den literarischen Verlag:

> Der Eugen Diederichs Verlags verlegt nie ein einzelnes Buch, sondern er tritt für den Autor ein. Dieser Standpunkt hat neben der rein äußerlich geschäftlichen Grundlage, eine noch viel größere Ideelle, weil der Eugen Diederichs Verlag einen Schriftsteller um seiner Idee willen aufnimmt, die sich der Verlag dann selbst – soweit es geht – zu eigen macht. Deshalb muss der Verlag auch Wert darauf legen[,] die künftige Produktion zugesichert zu erhalten, wenigstens auf eine Zeit. (Bergmann 1930)

Die Zusicherung des Autors, auch künftige Werke an einen Verlag zu binden, ist einer der Grundvoraussetzungen für das Engagement des Verlags. Die Investition in einen neuen Autor sollte sich auch in der Zukunft lohnen.

7.1 Unverlangt eingesandte Manuskripte als passive Akquise – großer Arbeitsaufwand und Misserfolg

Verleger können Texte passiv und aktiv akquirieren. Unter passiver Akquise werden unaufgefordert eingesandte Angebote – per Post, E-Mail oder Telefon – verstanden. Manuskripte, Projekte und Exposés werden so an Verlage durch Autoren oder literarische Agenten geschickt. Die Bearbeitung dieser Materialien ist ein fester Punkt im Tätigkeitsportfolio von literarischen Verlagen. Bei der aktiven Akquise suchen dagegen Lektoren für Autoren und Texte selbst – sie besuchen Konferenzen, Autorenabende und Buchmessen, entwickeln selbst Buchideen und begleiten den Autor bei der Erstellung von Manuskripten. Methoden, wie Texte in einem Verlag erworben werden, determinieren, wie die literarische Produktion bzw. Landschaft in Deutschland aussehen wird.

Unverlangt eingesandte Texte lassen die Vielfalt des Verlagsprogramms bewahren. Unwin betont, dass sich die Situation im Verlagswesen im Laufe der Zeit so veränderte, dass heutzutage auf solche Weise erhaltene Manuskripte die Bedürfnisse der Verlagsproduktion nicht mehr decken:

> Früher war es möglich, daß dieser Zufluß so viele brauchbare Manuskripte einbrachte, daß ein Verlag bestehen konnte, ohne sich besonders um Autoren bemühen zu müssen. Der Verlag brauchte nur klug auszuwählen und sich darüber klar zu sein, welche Art von Manuskripten er zurückweisen und welche er annehmen wollte. Heute wären nur wenige Verlage lebensfähig, wenn sie sich lediglich auf die Bücher verließen, deren Manuskripte ohne ihre Initiative einlaufen. (Unwin 1968: 17 f.)

Je bekannter der Verlag ist, desto mehr hat sich das Lektorat damit zu beschäftigen, unter zugesandten Verlagsangeboten und Manuskripten auszuwählen, beweist Mundhenke (vgl. Mundhenke 1991: 351). Die Zahl solcher Texte kann sich in einem etablierten Publikumsverlag durchaus auf mehrere Tausend pro Jahr summieren (vgl. Breyer-Mayländer 2010: 518 ff.). Die Zahl der abgelehnten Manuskripte beträgt nach Dietrich Kerlen über 90 Prozent (vgl. Kerlen 2006: 69 ff.), nach Breyer-Mayländer – 98–99 Prozent (vgl. Breyer-Mayländer 518 ff.), und nach Röhring – sogar 97–100% (vgl. Röhring 2008: 42 ff.). Michael Krüger, Verleger bei Hanser, bestätigt in der sechsten Folge der Serie „Michael Krüger spricht“ diese Zahl und fügt hinzu, dass 98 Prozent von ihnen abgelehnt werden.[16] Göbel im „Börsenblatt für den Deutschen Buchhandel“ äußert sich auch negativ über die Drucktauglichkeit der unaufgefordert eingesandten Manuskripte: „Bücher fliegen den Verlagen nicht wie gebratene

[16] Www.youtube.com/watch?v=f0uQXFZrE-k.

Tauben auf den Lektoratstisch. Kaum eins der unverlangt eingesandten Manuskripte ist zur Publikation geeignet" (Göbel 1981: 2). Der Grund für diesen Zustand soll ein niedriger Wert der Manuskripte sein. Der Ansicht widerspricht Rainer Moritz:

> Kurz gesagt: Unverlangte Manuskripte genießen einen unverdient schlechten Ruf. Das hat, wie angedeutet, zum einen damit zu tun, daß Lektorinnen und Lektoren empfindsame Menschen sind, die sich oft schwertun, ihrer ästhetischen Wertehierarchie widerstreitende Texte anzuerkennen. Zum anderen sind Manuskripte, die man nicht bestellt hat, Störfaktoren in der Alltagshektik. Sie verschwinden erst einmal in den tiefen Regalen eines dunklen Schranks oder stapeln sich hinter der Tür. (Moritz 1997: 73)

Da erfahrene Lektoren keine Zeit für unaufgefordert eingesandte Manuskripte haben, werden sie *häufig* zuerst durch Praktikanten gelesen, begutachtet und an die verantwortlichen Lektoren weitergeleitet werden (vgl. Röhring 2008: 35 f.). Solch eine Aussortierung erfolge oft durch unerfahrene Fachkräfte, weil man mit Plagiaten etablierter Literatur oder Bemühungen von „Möchtegernschriftstellern" zu tun habe. Dieser Zustand wird von der Untersuchung von Hömberg bestätigt. Manchmal verbergen solche Manuskripte ein verlockendes Angebot, deswegen besteht das Bedürfnis, stets darauf einen Blick zu werfen, ohne jedoch allzu viel Zeit darauf zu verwenden, meint Michael Schickerling (vgl. Schickerling 2004: 23f.).

Exkurs: Dokumentieren von eingesandten Manuskripten als Chance, die literarische Produktion abzusichern

Die Entgegennahme der Manuskripte kann auch anhand einer Checkliste dokumentiert werden. Unwin nennt folgende Kriterien für die Erstellung solch eines Formulars: Bestätigung des Empfangs, Eingangsdatum, Namen und Anschrift des Absenders einzutragen, besondere Hinweise (Rücksendung), Name des Lektors, eine gesonderte Liste des etwaigen Bildmaterials (vgl. Unwin 1965: 21 ff.). Die Archivierung lässt Überblick über das gesamte eingesandte Material besitzen. Die Vollständigkeit und Genauigkeit dieser Eintragungen ist wichtig, weil Leserbedürfnisse auch konjunkturell erregt werden und Manuskripte auch nach einiger Zeit gebraucht werden können.

7.2 Aktive Akquise als Haupttätigkeit der Verlagslektoraten

Aktive Akquise besteht in der Suche nach Manuskripten und dem selbständigen Entwicklung von Buchideen. Lektoren sind zur ständigen Beobachtung der Medien (Presse, Fernsehen, Internet) und Branchenereignisse verpflichtet, um auf dem Laufenden in der Branche zu bleiben (vgl. Petersenn 2001: 84). Die aktive Akquise von neuen Autoren ist besonders im belletristischen Bereich von Relevanz. Die Verlage suchen nicht nur „nach Texten", sondern auch „nach Autoren".

Nach der traditionellen Methode, sich Bücher zu sichern, geht es darum, dass die Verleger selbst andere Verlage besuchen, um an Ort und Stelle Rechte auf bestimmte Bücher zu erwerben. Obwohl eine persönliche Begegnung wertvoll ist, so ist es heutzutage auch nicht unbedingt nötig – die Kontakte wurden durch Briefe, Telefone und letztlich das Internet ersetzt.

Anlass für Entdeckung neuer Autoren sind Branchenereignisse wie Messen, Literaturfestivals, Wettbewerbe oder Tagungen von Verbänden und Vereinigungen: „Die Akquisition von Autoren durch die Lektoren setzte auf den Tagungen schon relativ früh ein, nicht erst in den fünfziger Jahren" (Schneider 2005: 20). Der Schriftsteller Hans Werner Richter berichtet über die besondere Rolle der Gruppe 47 bei der Manuskriptakquise Mitte des 20. Jahrhunderts: „Die Gruppe 47 wurde in den 60er Jahren zu einem Zulieferbetrieb für den literarischen Markt: War die Gruppe 47 einmal eine Art Wertstatt gewesen, so war sie jetzt eindimensionales Lektorat" (Arnold 1980: 257). Literarische Gemeinschaften vereinigen Autoren, sodass es für Verlage einfacher ist, Talente zu entdecken.

Außer Literaturgemeinschaften spielen auch Buchmessen eine wichtige Rolle bei der Manuskriptakquise. Sie dienen nicht nur der Marktbeobachtung, sondern auch dem Handel mit Lizenzen. Eines der relevanten Ereignisse im Terminkalender der für Manuskriptakquise verantwortlichen Verlagsmitarbeiter ist die Frankfurter Buchmesse. Die Veranstalter der Buchmesse stellt auch zur Verfügung die Internetdienstleistung Frankfurt Rights Catalogue – die 1988 entstandene Datenbank mit Titeln, die zum Erwerben angeboten werden. Diese Plattform ist ein virtueller Marktplatz und kann als Meilenstein in der Entwicklung der Kataloge angesehen werden:

> Der Frankfurt Rights Catalogue ist der größte unabhängige Online-Katalog für Bücher und elektronische Publikationen. Aussteller der Frankfurter Buchmesse können das ganze Jahr über ihre Titel bewerben. Er enthält zur Zeit rund 21.000 Titel in 66 Sprachen und 61 Ländern, mit detaillierten Angaben zu Inhalt, Sachgebiet und verfügbaren Rechten. (Boix García 2001: 74f.)

Der Einsatz des Internets im Handel mit Buchlizenzen sollte künftig eine bedeutende Rolle spielen, weil Kosten der Organisation von Buchmessen *hoch* sind und das Angebot angesichts der Größe der literarischen Produktion nicht überschaubar ist.

Etwas umstritten in der Branchenöffentlichkeit ist Verfahren der Anwerbung bzw. Abwerbung von Autoren: „Handelt es sich hierbei um einen Bruch mit den guten Sitten oder gar einem Ehrencodex: oder einfach um eine marktwirtschaftliche Maßnahme, gegen die im Prinzip wenig einzuwenden ist?“ (Röhring 2008: 43). Die wesentlichen Gründe für einen Wechsel können für Autoren die Programmumgebung, die verlegerische Betreuung, ein besseres Vertragsangebot oder eine höhere Honorargarantie sein. Breyer-Mayländer skizziert den Mechanismus der Abwerbung so, dass auf die Autoren, deren Bücher in kleinen Verlagen als Erfolg verbucht worden sind, die Großen der Branche aufmerksam werden und sich bemühen, ihn für ihr Programm zu gewinnen. Das geschehe oft durch ein *hohes* Vorschussangebot, bei dem der kleine Verlag nicht mithalten kann. Ein Beispiel sei Autor Michel Houellebecq. Die Übersetzung seines Debütromans „Ausweitung der Kampfzone“ in Wagenbach Verlag war erfolgreich. Die Rechte auf seine nächsten Bücher wurden dagegen versteigert und durch DuMont Buchverlag erworben (vgl. Breyer-Mayländer 2010: 518 ff.).

Des Weiteren können Lektoren zu einem anderen Verlag übergehen. Sie sind Verlagsmitarbeiter, die *in der Regel* am engsten mit Autoren zusammenarbeiten. Wenn Lektoren den Verlag wechseln, kann auch passieren, dass die von ihnen gewonnenen und betreuten Autoren auch mitgehen. Davon erzählen Gerhard und Johannes Vyoral:

> Ich finde nicht, daß die Lektorate gleich aufgelöst werden sollten, denn sie haben zwei Funktionen, die mir wichtig erscheinen: Die eine ist, verlagsintern eine „pressure group“ für einen bestimmten Autor zu bilden, und daß das der Fall sein kann, habe ich mehrere Male erlebt und überprüfen können. Hat ein solcher Lektor den Arbeitsplatz gewechselt, war meistens auch die Kooperation zwischen Autor und Verlag zu Ende. (Ruiss/Vyoral 1985: 62)

Auch Bennett Cerf bemerkt die positiven Konsequenzen der Einstellung eines Lektors, der in einem anderen Verlag zahlreiche Kontakte mit Autoren hatte:

> Ich habe Harry zum Lunch eingeladen und wir haben uns lange unterhalten. Er hat mit gesagt, dass er in Random House arbeiten möchte und viele seine Freunde Schriftsteller sind, deren Texte er lektoriert habe. Nachdem hat er die lange Liste der Namen vorgetragen: u. a. Sinclair Lewis, William McFee, Vincent Sheean und Mignon Eberhard. [...] Harry wurde in unserem Unternehmen eingestellt und blieb bei uns [...] bis zur Hälfte der sechziger Jahre. Er war ein hervorragender Lektor. Nachdem er den Verlag gewechselt hatte, veröffentlichten alle von ihm genannten Autoren ihre Bücher in Random House (Cerf 1981: 159 f.; übersetzt von MO)

Es stellt sich also heraus, dass die Zusammenarbeit zwischen einem Autor und seinem Lektor auch nach einem Wechsel des Verlags fortgesetzt wird. Deswegen haben Lektoratsmitarbeiter und ihre Kontakte auf die literarische Produktion der Verlage einen Einfluss.

Wichtige Aktanten in den literarischen Vermittlungshandlungen sind auch Scouts – Verlagsmitarbeiter, die sich in der Suche nach neuen nach Themen, Trends, Autoren und Manuskripten auf fremden Buchmärkten spezialisieren. Sie sind meist in Großbritannien, China, den USA und Italien tätig. Die meisten fremdsprachigen Texte in Deutschland kommen eben aus diesen Ländern (vgl. Börsenverein 2011: 85 ff.). Scouts können für mehrere Verlage mit einem bestimmten Schwerpunkt arbeiten. Sie beobachten direkt vor Ort Buchsegmente, in denen sie bereits frühzeitig neue Projekte auf ihre Tauglichkeit für ihre Verlage hin prüfen. Sie informieren ihre Hausverlage mit regelmäßigen Berichten, in denen sie die Ergebnisse ihrer Gespräche mit den Lizenzabteilugen oder Lektoren wiedergeben, in Form von Exposés, die Daten über Autor sowie Einschätzungen über die Verkaufsaussichten des Projekts enthalten (vgl Mendlewitsch 1996: 51 ff.).

Der Transfer der literarischen Texten auf der Welt wird jedoch hauptsächlich nicht durch Verleger, sondern durch Literaturagenten bestimmt. Der Anstoß zur Gründung von Literaturagenturen ginge von der Schriftstellerschaft aus (vgl. Janzin/Güntner 2007: 457 ff.). Agenturen als Vertreter der Autoren sorgten für den Schutz der Urheberrechte und sollten gegen das Problem der Ausbeutung der Schriftsteller, vor allem durch den „Nachdruck“, kämpfen. Der Gründung der Literaturagenturen begleitete politische und ökonomische Emanzipation der Schriftsteller.

Die Institution *Literaturagentur* entstand in Großbritannien: Im Jahre 1875 wurde in London die erste europäische Agentur – AP Watt – gegründet und besteht noch heute.[17] Als erster deutscher Literaturagent gilt dagegen der Berliner Buchhändler und Verleger Otto Loewenstein – Herausgeber der Zeitschrift „Der literarische Verkehr“, in der Manuskripte angeboten wurden (vgl. Graf 2001: 90). Nach Breyer-Mayländer fristeten literarische Agenten in Deutschland noch Mitte der 1990er Jahre ein Nischendasein (vgl. Breyer-Mayländer 2010: 518). Um Jahrhundertwende erlebte die Agentenszene einen Boom. 2000 gab es schon rund 200 Agenturen (größtenteils Ein-Personen-Firmen). Inzwischen die Anzahl verfestigte sich auf 30 bis 40. Nur wenige Agenturen bestehen aus einer Gruppe von Agenten, in der jeder für eine Buchsparte oder eine Kategorie von Rechten verantwortlich ist (vgl. Clark 1996: 54 ff.). Zu den wichtigsten Agenturen im deutschsprachigen Raum gehören: Liepman, Paul & Peter

[17] Www.apwatt.co.uk/.

Fritz, und Mohrbooks.[18] Alle drei habe ihre Hauptsitze in Zürich. Nach Mendlewitsch regelten sie in den neunziger Jahren des 20. Jahrhunderts etwa drei Viertel der literarischen Transaktionen, die vom angloamerikanischen Markt zum deutschsprachigen liefen (vgl. Mendlewitsch 1996: 51 ff.). Seit einiger Jahren ist der Wandel sichtbar, dass Agenten im Portfolio nicht nur ausländische Autoren haben, sondern auch deutsche, so Moritz (vgl. Moritz 2001: 19).

Die Literaturagenten machen die internationale Bücherwelt überschaubarer und kanalisieren die Manuskriptströme. Agenten, außer der Vermittlung von Texten, übernehmen auch die Vorselektion, indem sie nur solche Manuskripte anbieten, die thematisch und qualitativ zu einem bestimmten Verlagsprogramm passen. Sie beraten die Autoren zu Inhalten und kümmern sich um ihre Karriere, auch aus der finanziellen Seite. Agenturen vertreten einzelne Autoren bzw. deren Originalverlage gegen Provision der erzielten Abschlüsse. Eine Provision beträgt zwischen 15 und 20 Prozent des Autorenhonorars, berichten Giles Clark und Hans-Helmut Röhring (vgl. Clark 1996: 54 ff.; Röhring 2008: 42 ff.).

Literarische Agenturen befassen sich nicht nur mit dem Lizenz-Handel, sondern auch mit dem Vorlektorat der Texten. Agenten filtrieren Manuskripte auf dem Markt, bearbeiten sie und bieten den Verlagen schon fertige Bücher an. Auch die Etablierung der akademischen Autorenausbildung hat den Einfluss auf diese Entwicklung genommen. Das heißt, dass sich die Filterfunktion des Vorlektorats in Institutionen verlagert hat, die literarische Texte schon vor dem Angebot an Verlagslektorate auch nach ökonomischen Kriterien beurteilen. Schriftsteller stehen auf Listen, die regelmäßig von den Agenten an verschiedene Verlage geschickt werden, versehen mit Hinweisen zum Autor, erfolgreichen Vorläuferbüchern und Rezensionen. Die Lektorate bestellen dann die Titel, die sie interessant finden, zur Prüfung. Laut Mendlewitsch haben dann die Lektorate in der Regel vier Wochen Zeit, die Titel zu prüfen und über ihn zu entscheiden (vgl. Menschlewitsch 1996: 51 ff.).

Eine wichtigste Voraussetzung für Erhalten von interessanten Manuskripten ist auch das Kapital:

> Je kleiner ein Verlag ist, desto wichtiger ist die aktiv betriebene Autorenakquise für das Lektorat (und das argumentative Verhandlungsgeschick des einzelnen Lektors) - die ‚erstklassigen' Manuskripte werden von Agenten meist den großen Häusern angeboten, die zudem über die wirtschaftlichen Mittel verfügen, um bei Manuskriptauktionen international gefragter Autoren überhaupt mitbieten zu können. (Arnold/Beilein 2009: 29)

[18] Www.mohrbooks.com/, www.liepmanagency.com/ und www.fritzagency.com/.

Verlage, die mit finanziellen Reserven verfügen, haben eine größere Chance, die erwünschten Texte von Literaturagenten zu erwerben. Es ist daraus zu schließen, dass die literarische Produktion und literarische Vermittlungshandlungen mit der Ökonomie im Zusammenhang stehen.

Literarische Agenturen sind auch Unternehmen, die Gewinn bringen sollen; ihre Situation auf dem Buchmarkt sieht den Verlagen ähnlich aus. Der Agenturen-Tätigkeit liegt auch die Mischkalkulation zugrunde: Agenturen haben im Angebot Texte, die andere Manuskripte refinanzieren. Obwohl das Kriterium der Qualität eines Buches in den Vordergrund geschoben, sind auch potenzielle Profite von Relevanz:

> Welche Kriterien legen wir nun unsererseits zugrunde, einem Autor oder einer Autorin eine Repräsentanz anzubieten? In erster Linie ist die Qualität des Manuskriptes ausschlaggebend, in zweiter die Sympathie für den Autor. Das dritte (den meisten Agenten gerne als ausschlaggebendes unterstellte) Motiv ist die zu erwartende Lukrativität, die sich entweder mit dem Namen eines Autors verbindet bzw. sich aus der Qualität des Manuskriptes erwarten läßt. (Eggers 2001: 52 f.)

Petra Eggers' Aussage zeigt, dass auf die Entscheidung, welche Autoren und Texte durch Literaturagenten vertreten werden, verschiedene Kriterien einen Einfluss haben. Äußerungen über die Vorrangigkeit der Qualität als Entscheidungskriteriums bei der Aufnahme eines Textes zur Agentur sollten einer genaueren Analyse des Produktportfolios in Agenturen unterzogen werden, um das Funktionieren des Prozesses *Manuskriptakquise* im deutschen Verlagswesen zu erklären.

Im Übrigen werden für Verlage auch Editoren zu potenziellen Textlieferern. Sie schlagen den Verlegern Texte vor, die Folge von editionswissenschaftlichen Leistungen sind. Dieses Angebot betrifft vor allem Texte, deren Autoren verstorben sind. Der Editor geht nach Verfahren der Editionswissenschaft vor: Aus der Kollation aller zugänglichen Varianten eines Textes wird eine Edition konstruiert (vgl. Gärtner 2000 sowie Plachta 1997). Dies wird zwecks Erstellung eines Gesamtwerkes getan oder mit der Absicht, eine (sprachlich) aktualisierte Edition vorzubereiten.

Eine besonders im angelsächsischen Raum bekannte Form des Unternehmens, das sich mit der Entwicklung der Buchideen und ihrer Ausführung befasst, ist Book Packaging. Solche Firmen entstanden seit den sechziger Jahren des 20. Jahrhunderts in den USA und Großbritannien (vgl. Thompson 2005: 22 f.). Diese rechtlich und organisatorisch eigenständige Firmen entwickeln Buchprojekte: Sie besprechen, was für ein Thema lässt sich gut verkaufen, bereiten ein Buch (Lektorat, Korrektorat, Lay-out) vor und vermarkten sie, an Verleger. Ihre Leistung ist besonders fruchtbar bei Publikationen, die den Aufwand von vielen Autoren und

Quellen erfordert. Zu Book-Packaging-Firmen werden u. a. About Books aus Colorado Springs, Silvercat aus San Diego und Book Publishing aus Traverce City gezählt.[19]

Ein Sonderfall bei der Manuskriptakquise ist die Koproduktion, die darin besteht, dass mehrere Verlage gemeinsam ein Werk produzieren und vertreiben. Dies ist beispielsweise auf internationaler Ebene bei aufwändigen Bildbänden und multimedialen Werken sinnvoll, wenn die Herstellung eines Buches teuer ist, das eigene Know-how nicht ausreicht oder die beteiligten Verlage unterschiedliche Zielgruppen erreichen. Die Kooperation in Bezug auf die Manuskriptakquise besteht vor allem in der gemeinsamen Einbringung von Materialien (Texten und Bildern). Dadurch können Editionen auf den Markt gebracht werden, bei denen Rechte verschiedene Verleger besitzen. Schickerling weist darauf hin, dass bei solch einer Zusammenarbeit eine klare Verteilung der Aufgaben, Vertriebskanäle, Kosten und Erlöse von Bedeutung sind (vgl. Schickerling 2004: 23 f.). Stephanie Mair unterstreicht auch, dass die Kooperation im Bereich des Lektorats selten praktiziert werde (vgl. Mair 1988), weil bei der Zusammenarbeit die Eigenart (Core Assets) der kooperierenden Verlage verloren geht. Barrieren in der Lektoratskooperation bestehen vor allem aufgrund der individuellen Beziehung zwischen Autor und Verleger bzw. Lektor. Dennoch gibt es Beispiele der Lektoratskooperation: Auf Fiktion- und Non-Fiktion-Gebiet – Deutscher Taschenbuch Verlag als Zusammenarbeit von u. a. Carl Hanser Verlag und Ganske Verlagsgruppe; im Schulbuchbereich – Oldenbourg und Westermann sowie Schroedel und CVR.

Zwischenfazit

Die internationale Literatur veränderte sich durch die Globalisierung der internationalen Handelsbeziehungen. Trotz neuer Möglichkeiten des kulturellen Transfers sind jedoch praktisch vorhandene Grenzen gesetzt, die ihn beschränken: sprachliche Barrieren, kulturelle Verschiedenheiten, Desinteresse der Käufer an bestimmten Ländern und Autoren sowie ökonomische Bedingungen wie Währungskurse und Zölle.

Die Mechanismen, wie Texte ihre Verleger finden und dann auf Bücherregalen zu erhalten sind, also die Rolle der Literarischen Vermittlungshandlungen für die Literatur, wurden noch nicht ausreichend bearbeitet. Nicht nur der Plan, *gute* Literatur zu verlegen, reiche, um bekannte Autoren ins Haus zu bringen, sondern auch *gute* Kontakte, wie es

---

[19] About-books.com/, www.silvercat.com/, www.bookpublishing.com/.

manche Branchenkenner nennen. Die Gestalt der Literatur hängt demzufolge vom Prozess der Manuskriptakquise ab.

8 Manuskriptauswahl. Auf dem Weg zur Literatur

> Der Verleger agiert in einem schwer definierbaren Raum zwischen Geist und Kommerz, der es gelegentlich weder für ihn selbst noch für seine Gesprächs- und Geschäftspartner, z. B. die Autoren, erkennbar macht, aus welcher Sphäre sein Handeln gerade motiviert ist. (Wallmoden 2009: 15)

Diese Worte von Thedel von Wallmoden treffen ins Schwarze, wenn es sich um die Problematik handelt, welche gesellschaftliche Rolle das Verlagswesen erfüllt. Die Zusammenstellung und die Analyse der Faktoren, die den Auswahlprozess von Manuskripten in deutschen literarischen Verlag beeinflussen, können zur Vertiefung der Problematik der Literarischen Vermittlungshandlungen beitragen:

> Trotz Veränderungen auf dem Buchmarkt, u. a. durch PoD-Verfahren oder Self-Publishing-Initiativen, tragen immer noch Verlage die größte Verantwortung für die literarische Landschaft in Deutschland. Der Verleger bzw. Lektor ist ein einflussreicher Akteur auf dem Buchmarkt. Sie entscheiden darüber, welche Texte zu Büchern werden und gestalten die Literatur. Schneider weist darauf hin, dass der Einfluss der Lektoren auf die Entwicklungstendenzen der Literatur sowie auf das allgemeine literarische Urteil weder von der Literaturwissenschaft noch von der Buchmarktforschung angemessen wahrgenommen worden sei (Schneider 2005: 9).

Welche Mechanismen und Kriterien spielen bei dem Entscheidungsprozess *Manuskriptauswahl* die vorwiegende Rolle – ästhetische, kulturelle, politische oder wirtschaftliche? Matthias Beilein ist der Meinung, dass die Untersuchung der Verlagsarbeit „zu den betrieblichen Interna [gehört], ist also vertraulich und soll es auch bleiben“ (Beilein 2009: 31). Dieses steht im Konflikt mit dem Ziel dieser Arbeit, den Prozess der Manuskriptbeschaffung zu nachvollziehen.

Es ist zu vermuten, dass sich literarische Verlage bei der Manuskriptauswahl nach ästhetischen Kriterien richten. Diese Annahme wird auch in Berichten von einigen deutschen Verlegern und Lektoren wie Klaus Siblewski bestätigt. Das Problem der literarisch--ästhetischen Werte, der Maßstäbe, die für den Lektor bei der Entscheidung über die Annahme eines Werkes ausschlaggebend sind, ist zu konfrontieren mit außerliterarischen Bedingtheiten, die ebenfalls für die Publikation eines Werkes entscheidend sind. Es wurde noch weder mikro- noch makroökonomisch, sondern nur an Beispielen, untersucht, was für einen Einfluss das Handeln der Lektoren auf die Qualität der literarischen Produktion hat.

8.1 Bestseller-Diskurs – Suche nach Verkaufserfolgsrezepten

Die Kategorie *Bestseller* wird benutzt, um für Bücher zu werben. Der Bestseller-Diskurs trägt dazu bei, dass Bücher, die sich gut verkaufen, positiv beurteilt werden. Sie gehören jedoch aus der Perspektive der Informationsökonomik zu Vertrauensgütern, weil der Käufer das Produkt zuerst erwirbt und während bzw. nach der Lektüre den Kaufnutzen beurteilen kann (vgl. Goldhammer 2006). Es besteht deswegen Dissonanz zwischen der Ansicht, dass Bestseller *gute* Bücher sind, und der Annahme – Bücher werden erst nach dem Kauf beurteilt. Von dieser Feststellung abgesehen, können außer den immanenten Eigenschaften des Buches auch andere Faktoren dazu beitragen, dass das Bedürfnis des Käufers befriedigt wird, wie z. B. das Bewusstein, dass man die Literatur mit der Gemeinschaft miterleben kann – es entsteht das Wir-Gefühl (vgl. Westerhoff 2009).

Die Verleger versuchen Faktoren, die über den Verkaufserfolg entscheiden, zu analysieren und nachzufolgen, um ein Rezept für Bestseller zu entwickeln. Der Problematik werden auch wissenschaftliche Abhandlungen gewidmet (vgl. Keuschnigg 2012). Sie untersuchen Kriterien, die über den Kauf von bestimmten Büchern entscheiden. Zu denen gehören *hoher* literarischer Wert, Präsenz in Medien, (außerliterarische) Berühmtheit des Autor sowie Aktualität der behandelten Themas.

Die Vorbereitung einer Buchedition dauert *in der Regel* einige Monate, deswegen ist es *schwierig*, Trende (also Kaufverhalten) auf dem Buchmarkt vorauszusehen. Ernst Hinterberger erzählt von einer hypothetischen Situation, dass ein Autor einem Verleger ein Buchprojekt vorlege und die Zustimmung bekomme. Demzufolge verfasse er ein Manuskript und kehre zum Verlag zurück. Er erhalte aber die Absage, erst nach *vielen* Monaten. Der Grund lautet: Leider sind Romane dieser Art *heuer* nicht gefragt. Hinterberger zieht die Schlussfolgerung, dass es sich nicht lohnt, für den Verlag zu schreiben:

> Einem Trend, einer Marktnachfrage nach zu schreiben, ist also bei größeren literarischen Arbeiten sowieso witzlos, außer man hat vielleicht seherische Qualitäten, um sich damit auszurechnen, von welchen Verlagen das Manuskript in welcher Zeit abgelehnt wird, welcher Verlag es in welcher Zeit dann doch nimmt und wie lange der dann zur Produktion des Buches braucht, bis es auf den Markt kommen kann. (Ruiss/Vyoral 1985: 61)

Markttrende sollen auch dazu führen, dass „jeder Rechthändler, der sich auf dem internationalen Lizenzmarkt tummelt, Serien von Leichen im Aktenschrank hat, niemals eingespielte

Vorschüsse, die dann nach dem Flop abgeschrieben werden" (Menne 1998: 47). Lothar Menne behauptet auch, dass der Lizenzhandel in großem Ausmaß spekulativ sei. Es stellt sich heraus, dass die Unsicherheit, die sich mit der Planung neuer Titel in Bezug auf Markttrende verbindet, ein fester Bestandteil bei der Manuskriptauswahl ist. Es wurden noch keine explizit erläuterten Methoden, wie in diesen Bedingungen ökonomische mit den ästhetischen Kriterien zu vereinbaren sind.

In der Geschichte der deutschen Verlage sind zumindest einige Fälle wie Patrick Süskinds „Pärfüm" sowie Joanne Kathleen Rowlings „Harry Potter und der Stein der Weisen" zu nennen, wenn Manuskripte, die in verschiedenen Verlagen abgelehnt worden waren, dann irgendwo anders angenommen wurden und den Markterfolg erreichten (vgl. Röhring 2008: 49 ff.; Moritz 2001: 69 ff.) Nun ließe sich vermuten, die Verlage, die das Manuskript abgelehnt haben, seien unwissend gewesen und hätten den Erfolg dieses Buches vollkommen unterschätzt. Es ist aber angenommen, dass Fehleinschätzungen unvermeidlich zum Metier gehören.

Diese Beispiele sollen verdeutlichen, dass nicht nur ein *gutes* Manuskript, sondern auch andere Komponenten wichtig sind, um auf dem Buchmarkt zu erscheinen und einen Bucherfolg zu erzielen, u. a. die Covergestaltung die Covergestaltung (vgl. Piters/Stokmans 2000), der Titel (vgl. Clement et al. 2008), die Bekanntheit des Autors oder das Verlagsimage (vgl. Leemans/Stekinams 1991).

8.2 Entscheidungsinstanz aufgrund der Besitzverhältnisse

Den Vorgang, Manuskripte zur Veröffentlichung auszuwählen, wird von Verlagsmitarbeitern ausgeführt. Schneider konstatiert trotz Mangels an Untersuchungen auf diesem Gebiet, dass es die Tendenz gebe: Die Wertung des Lektors wird fraglos in Kauf nicht genommen (vgl. Schneider 2005: 127). Ihm werde die Kompetenz zur Aufnahme des Manuskripts *selten* erteilt. Stattdessen besitze er Entscheidungsbefugnis, selbständig Texte abzulehnen:

> Der Lektor sollte in der Lage sein, ein Manuskript auf seine Marktgängigkeit, seine literarische Qualität, seine harmonische Einpassung ins Verlagsprogramm/-profil einschätzen zu können. Er sollte alle Voraussetzungen für die Entscheidung zur Drucklegung schaffen, doch genau diese Entscheidung nahm er nicht vor und sollte sie auch nicht vornehmen. Er konnte Manuskripte zwar weitgehend autonom ablehnen, plädierte er jedoch für eine Annahme, wurde ihm der weitere Verlauf des Entscheidungsprozesses aus der Hand genommen. (Schneider 2005: 96 f.)

Besitzverhältnisse bestimmen die Entscheidungskompetenz, sodass der Verleger, der Cheflektor oder die Lektoratsausschuss über die Veröffentlichung von Texten entscheide. Die Rolle der Lektoren beschränke sich dagegen darauf, das Material für Verlegers Entscheidungen

> vorzubereiten [...], indem sie die Manuskripte gegenlesen, Exposés und Gutachten anfertigen, Korrekturvorschläge ausarbeiten etc. und vor allem als Partner in den Arbeitsdiskussionen mit oder ohne Autoren dienen. (Voit 1975: 112)

Cerf Bennett berichtet dagegen in seiner Biographie vom Prozess der Manuskriptaufnahme in Random House. Nach Bennett können seine *erfahrenen* Lektoren über die Aufnahme eines Textes entscheiden, es sei denn der Autor fordert eine *hohe* Vorauszahlung:

> Laut dem in Random House geltenden Gesetz, unsere erfahrener Lektoren haben das Recht auf autonome Entscheidung über die Annahme eines Buches, das der Veröffentlichung würdig sei, es sei denn der Autor fordert eine hohe Vorauszahlung. In solch einem Fall wird der Text im Plenum diskutiert. Es geschieht auf zweierlei Weise. Manchmal während regelmäßiger Treffen der Geschäftsführung, die ich hasse und an denen ich nicht teilnehme.
>
> Die zweite Methode besteht darin, dass ich mit jemandem diskutieren will [...]. (Cerf 1981: 250 f., übersetzt von MO)

Bei umstrittenen Büchern sei also in Random House die Entscheidung über eine Veröffentlichung im Rahmen des Lektoratsausschusses getroffen. Einer der Beispiele, dass Lektoren selbständig über Veröffentlichung von Texten entscheiden können, ist Angela Praesent, Lektorin der Reihe „neue frau“, die im Rowohlt Verlag erschienen ist. Praesent stellt den dortigen Prozess der Manuskriptauswahl (vgl. Praesent 1997). In der Publikationsreihe sollten Texte der Frauen aus der ganzen Welt erscheinen. Praesent berichtet, dass es immer mehr Schwierigkeiten gegeben habe, Lizenztitel zu kaufen, weil ihre Preise *hoch* geworden seien. Deswegen sei es entschieden worden, Teile des Rowohlt-Taschenbuch-Programms in Originalreihen umzuwandeln, geleitet von selbständigen Herausgebern. Die Lektorin erzählt, dass ihr überlassen geblieben sei, welche Bücher in die Reihe aufgenommen werden:

> Und das editorische Konzept? Vor allem nahm ich an, daß ein Buch, das mich selbst fesselte und überraschte - in Ton und Stil oder dem Inhalt nach, am liebsten in beidem - auch andere interessieren würde. Weiter vermutete ich aufgrund von Beobachtungen, daß Leserinnen im Zweifelsfalle der

artistisch-literarische Rang eines Textes weniger wichtig war als sein Gehalt an bislang unbekannter, unbeobachteter Wirklichkeit und »Welt«. [...]

Überall achtete ich besonders auf die Programme der engagierten kleineren Verlage, die in den späten siebziger und frühen achtziger Jahre eine gewisse Blüte erlebten. (Praesent 1997: 45)

Praesent beurteile Text nach dem Inhalt und traf Entscheidungen aufgrund eigener Eindrücke. Sie beobachtete auch Programme anderer Verlage.

8.3 Anforderungsprofil eines *wählenden* Aktanten

Welche Kompetenzen werden gebraucht, um nicht nur in einem Lektorat zu arbeiten, sondern auch um Manuskripte auszuwählen? Je nach Pflichten im Lektorat unterscheiden sich Fähigkeiten der Verlagsmitarbeiter. Schneider berichtet von einigen Fällen, dass Anfang des 20. Jahrhunderts in Lektoraten Schriftsteller tätig waren. Die Branchenkenntnis und „Fähigkeiten, literarische Texte zu verfassen", habe damals als eine der Grundlagen für deren angemessenes Bewerten gewesen. Von Bedeutung seien auch Kontakte zu Autoren, Agenten und Branchenzeitschriften gewesen, wie Beilein hinzufügt (vgl. Beilein 2009: 26 ff.). Dazu werden Fähigkeiten wie klares Urteilsvermögen, ein Gefühl für Bücher, Gefühl für Trends und der richtige, stete Wachsamkeit, Neugier und Aufgeschlossenheit gegenüber neuen Ideen, sowie schnelle Anpassung an wechselnde Bedürfnisse und Berufserfahrung bei Lektoren bevorzugt (vgl. Unwin 1968: 18 f.; Davies 1995: 30 f.; Schütz 2009: 197). Clement et al. weisen aber darauf hin, dass in der Praxis Erfahrung, Branchenkenntnisse und Netzwerke die zentralen Elemente eines erfolgreichen Auswahlprozesses seien. Verlage richten sich vor allem nach subjektabhängigen Urteilen der Lektoren. Eine Kombination aus ökonomischer und auf Erfahrungen beruhender Analyse könne zur Optimierung des Prozesses der Manuskriptauswahl beitragen (vgl. Clement et al. 2009: 118). Innerhalb der Gattungsgruppe *Belletristik* sei die bereits zitierte „verlegerische Nase" immer noch das Relevanteste (vgl. Schneider 2005: 123). Der Doktortitel sei auch ein Grund, um jemanden im Lektorat einzustellen. Der Nachweis von Einflüssen von bestimmten Kompetenzen und der literarischen Ausbildung auf das literarische Urteil ist aufgrund fehlender empirischer Daten kaum zu leisten. Bartel F. Sinhuber stellte Anfang der siebziger Jahre die Kompetenzen der Lektoren in Frage: „Welcher Lektor hat heute noch akademische Qualitätsbeweise in Sachen Literatur zu führen?" (Sinhuber 1971a: 6). Er werde suggeriert, dass „akademische

Qualitätsbeweise“ die *adäquate* Manuskriptauswahl ermöglichen. Schneider stellt in Frage, dass die Verlage die autonome Legitimität für Urteile über Literatur besitzen:

> Wer ist im Literaturbetrieb mit der legitimen Macht versehen, zwischen Kunst und Nichtkunst, guter und schlechter Literatur, Erhabenem und Trivialem zu unterscheiden? Der Lektor oder der literarische Verleger? Mit welchen Kompetenzen ist die Rolle des Lektors ausgestattet, und welche Grenzen sind definiert? Die Funktion der sozialen Rolle und Position des Lektors im Verlag muss hier deutlich werden. (Schneider 2005: 27)

Da es zu Konflikten zwischen Lektoren und Verleger in Bezug auf die Entscheidung über die Annahme eines Manuskriptes gekommen ist, wurden auch organisatorische Alternativen für die *traditionelle* Form des Managements im Verlag entwickelt. Nach dem ersten Modell entstanden die sogenannten Lektoratsversammlungen bzw. -ausschüsse innerhalb der Verlage, die den Lektoren mehr Mitbestimmungsrechte bei verlegerischen Entscheidungen gewähren sollten. Im zweiten Modell sollten Verleger und Verlagsangestellte aus dem Lektorat, Handels-, Marketings- sowie Lizenzenabteilung das gleiche Stimmrecht haben. Als Letztes verwirklichte sich mit der Gründung des „Verlags der Autoren“ das gesellschaftspolitische Konzept der Genossenschaft, in dem Autoren selbst für das Funktionieren des Verlages die Verantwortung tragen.[20]

8.4 Manuskripte und Exposés als Beurteilungsmaterial

Das Beurteilugsmaterial besteht nicht immer aus einem vollständigen Manuskript und Informationen zum Autor. Zu Materialien, auf deren Grundlage die Entscheidung über eine Veröffentlichung getroffen wird, gehören auch Exposés bzw. Gutachten. Exposés enthalten eine kurze Skizze der Buchidee sowie Angaben zum Inhalt, zum geplanten Umfang, zum Verfasser, zur Zielgruppe, zu den Verkaufsargumenten und zur Konkurrenzliteratur (vgl. Schickerling 2004: 25 f.). Romanen sollten auch eine grobe Skizze der Handlung (sog. Plots) und ein ausgearbeitetes Musterkapitel zur Verdeutlichung der Erzählweise beigefügt werden (vgl. Breyer-Mayländer 2010: 518 ff.). Nach Breyer-Mayländer fehlen bei internationalen Bestsellerautoren allerdings selbst solche Exposés. Wenn ein renommierter Autor ein neues Buch plant, suchen seine Agenten schon frühzeitig Verlage, um das Risiko auszuschließen, dass das Lizenz für ein fertiggestelltes Manuskript nicht verkauft wird. In diesem Fall haben

[20] Www.verlag-der-autoren.de/.

Verleger bzw. Lektoren nach dem Namen eines Autors über die Manuskriptaufnahme zu entscheiden:

> Exposés können bei literarischen Werken dann eine ausreichende Entscheidungsgrundlage sein, wenn dem beurteilenden Lektor der Stil des Autors aufgrund vorausgehender Werke bekannt ist und er erwarten oder treffender: ›hoffen‹ darf, dass das ihm angebotene neue Manuskript von ähnlicher Qualität sein wird; Gewissheit hat er nicht. (vgl. Breyer-Mayländer 2010: 520).

Der Entscheidungsprozess geht auch aufgrund von Gutachten vor. Im Rowohlt Verlag und im S. Fischer Verlag wurden die eingehenden Manuskripte je nach Personalbestand nicht nur von einem Lektor, sondern von mehreren gelesen und die einzelnen Bewertungen anschließend dem Verleger vorgelegt:

> Wie viele Gutachten für ein Manuskript eingeholt werden, hängt natürlich von dessen besonderer Beschaffenheit ab. Die sehr guten und die ganz schlechten Manuskripte machen wenig Arbeit, aber dazwischen liegen viele Möglichkeiten; es gibt gut durch gearbeitete, aber gedankenarme Manuskripte, manche enthalten glänzende Partien, andere sind für die Ablehnung zu gut, für die Annahme aber nicht gut genug. (Unwin 1965: 28)

Das Gutachten besteht aus sorgfältig zusammengestellten Argumenten für bzw. gegen eine Veröffentlichung.

Moritz berichtet von dem Fall, dass eine österreichische Autorin ihr Manuskript unaufgefordert gleichzeitig an einige Verlagshäuser geschickt habe (vgl. Moritz 1997: 75). Die Autorin habe ein Absage bekommen, zwei anderen Verlage haben ihr drei Wochen nach Manuskripteingang unterschriftsreife Verträge geschickt, ein weiterer habe zwei Monate später gefolgt. Es ist aus diesem Fall zu schließen, dass auch überforderte Lektorate schnell Entscheidungen treffen müssen, dazu zwingt sie der Konkurrenzdruck.

8.5 Modelle der Entscheidungsprozesse – Rationalisierung und Ökonomisierung der Verlagsarbeit

Im Bewertungs- und Selektionsprozess der Manuskripte besteht aus ökonomischer Sicht die grundlegende Anforderung nach seiner Optimalisierung, d. h. weder finanzielle noch personelle Kapazitäten sollten überfordert werden. Da der mehrstufige Auswahlprozess kapitalintensiv ist, wird es empfohlen, auf die weitere Analyse derjenigen Buchprojekte zu verzichten, die keinen (Verkaufs-)Erfolg versprechen. Ein mehrstufiger Auswahlprozess im Lektorat kann anhand des Filters veranschaulicht werden:

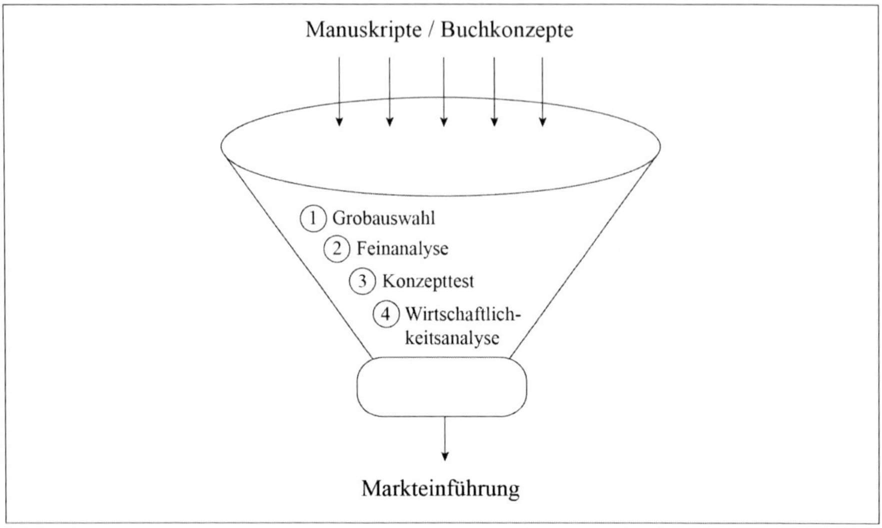

Abbildung 6: Modell eines Auswahlprozesses (vgl. Prostka/Schmidt-Stölting 2009: 114)

Der erste Teilprozess *Grobauswahl* bestehe darin, dass das Manuskript, als Projekt verstanden, in Bezug auf seine wirtschaftliche, rechtliche und personelle Umsetzbarkeit unter die Lupe genommen werde. Schon auf dieser Etappe können individuelle Regeln auf Verlagsebene eingeführt werden (vgl. Homburg/Krohmer 2009). Es werde überprüft, ob der Text mit der Unternehmensstrategie in Einklang steht. Solch eine Analyse werde von „branchenerfahrenen" Assistenten durchgeführt und kann mit Checklisten unterstützt werden, worauf Kuttny-Walser hinweist (vgl. Kuttny-Walser, 2008). Eine einführende Inhaltsanalyse solle Texte ausschütten, die mit inhaltlich-thematischen Voraussetzungen des Verlags-programms übereinstimmen. Die Grobauswahl lasse vor allem die hohe Anzahl unverlangt eingesandter Manuskripte reduzieren.

In der zweiten Etappe werden Texte einer Feinanalyse unterzogen. Sie finde auch bei Lizenztiteln Anwendung. Es werden ökonomische Faktoren wie etwa das Marktpotential sowie die Nachfrageentwicklung untersucht. Aufgrund der Mehrdimensionalität der Bewertungskriterien werden Scoring-Modelle eingesetzt, die den Entscheidungsprozess in Bezug auf verschiedene Projekte explizit machen. John O'Meara entwickelte eine genauere Projekt-Bewertungsskala auf Basis von bestimmten Kriteriengruppen (vgl. O'Meara 1961). Die Abbildung zeigt die Bewertungskriterien in der allgemeinen Form:

Marktfähigkeit	**Dauerhaltigkeit**
Nutzbarkeit bestehender Distributionswege	Lebenszyklusdauer
Beziehung zu bisherigen Vertriebslinien	Marktpotential
Preis-Qualitätsverhältnis	Konjunkturabhängigkeit
Anzahl geplanter Produktionsvarianten	Saisonabhängigkeit
Vermarktbarbeit/Wettbewerbsvorteile	
Einfluss auf Absatz bisheriger Produkte	
Ressourcenverfügbarkeit	**Wachstumspotential**
Arbeits- und Betriebsmittel	Innovationscharakter
Technisches Wissen und Personal	Wertschöpfungsgrad
Rohstoffe und sonstige Inputsfaktoren	Nachfrageentwicklung

Abbildung 7: Modell der Bewertungskriterien (vgl. O'Meara 1961)

Bei der Betrachtung des Buches als Wirtschaftsgutes können auch Manuskripte nach solch einem Wertungssystem verglichen und beurteilt werden. Es wird angenommen, dass mit dem Abschluss der Feinanalyse schon genügend Informationen über ein Buchprojekt gesammelt werden.

In der dritten Phase finde die Durchführung von Konzepttests, *häufig* in Form von Gruppendiskussionen, statt. Im Mittelpunkt der Analyse stehen Glaubwürdigkeit und Verständlichkeit des Konzepts, Vor- und Nachteile gegenüber alternativen Angeboten, relevante Merkmale aus Kundensicht, potenzielle Zielgruppe sowie mögliche Kannibalisierung eigener Produkte.

Demnach folge die letzte Etappe – eine detaillierte Wirtschaftlichkeitsanalyse. Sie umfasse die möglichst genaue Prognose und Quantifizierung von Kosten und Erlösen. In der Literatur finden sich zahlreiche Verfahren, die sich im Grad ihrer Komplexität unterscheiden. Am populärsten sind Break-Even-Analysen bzw. Deckungsbeiträge. Verlage orientieren sich als Marktakteure vor allem nach Kosten und potenziellen Gewinnen, es sei denn das Projekt zugeschossen wird, wenn eine Neuausgabe geplant wird (vgl. Clement et al. 2009: 110). Letztlich sollte jedoch jeder Titel in ausreichendem Umfang Erlöse generieren, um die Kosten der Beschaffung zu kompensieren (vgl. Wirtz 2011: 234 ff.). Die Lektoratskorrespondenz von Luchterhand Verlag liefert Informationen über die Bedeutung des Inhaltes und der literarischen Gestaltung eines Werkes bei der Manuskriptauswahl:

> Bei einer Auflagenerwartung unter 6.000 ist es fast gleichgültig, was in einem Manuskript steht und wie es geschrieben ist. Im Zweifelfall ist die Kalkulation Ausrede genug für die Ablehnung. Unter der Überschrift »Schöne Literatur« produziert der Luchterhand Verlag heutzutage lieber Romane für das

Herz des Buchhändlers: gefällig, dabei nicht ohne ansprach, geschrieben aus dem Leben, aber nicht zu wahr, selbstverständlich fortschrittlich, doch nicht so, daß es unangenehm auffällt – Bücher zu Ostern und Weihnachten, man muß sie auch dem Onkel schenken können. (Roehler 1975)

Der Inhalt des Briefes macht deutlich, dass die ökonomischen Argumente im zeitgenössischen Literaturbetrieb vorherrschen. Schneider nennt auch andere Beispiele für die Stellung der Ökonomie vor der literarischen Qualität: In den siebziger Jahren richteten sich die Verlage Beltz & Gelberg und Klett-Cotta bei der Manuskriptauswahl vor allem nach den Absatzchancen auf dem Buchmarkt (vgl. Schneider 2005: 256). Allert-Wybranietz sowie Clark fügen hinzu, dass der Lektor, der „heute" nicht das Kriterium *Umsatz* ins Kalkül zieht, werde bald kein Lektor mehr sein (vgl. Davies 1995: 29; Allert-Wybranietz 1998: 64 f.). Dies solle sich vor allem auf Lektorate in den *größeren* Verlagen beziehen.

Trotz des Einsatzes von solchen Verfahren wie Kostenrechnung, die auf angenommener Auflage, Ladenpreis, Kosten (Honorar, Druck, Lektorat), Erlöserwartungen, vertraglichen Bedingungen zwischen Autoren und Verlagen, Analyse der Zielgruppe sowie Konkurrenzsituation basieren, sei die Bewertung der Attraktivität von Titeln schwierig (vgl. Röhring 2008: 49 ff.).

Eine der gängigen Methoden, das Verlagsprogramm zu gestalten, ist die Mischkalkulation, in deren Folge *das Gesamtangebot* rentabel sein sollte, nicht notwendigerweise jeder einzelne Titel. Dies geschieht durch die Quersubventionierung: „In vielen Publikumsverlagen machen relativ wenige Titel das Geschäft, welches die Mehrzahl der Programmtitel subventioniert" (Kleine 2008: 73). Wirtschaftlich wird eine Auflagenhöhe dann rentabel, wenn sie die in der Verlagskalkulation ermittelte Deckungsauflage übertrifft. Die Berechnung der Deckungsauflage kann auf Teilkosten- (z. B. ausschließlich Deckung der Herstellungskosten) oder auf Vollkostenbasis (Deckung aller mit einem Titel zusammenhängenden Kosten inklusive der Gemeinkosten) vollzogen werden (vgl. Schönstedt 1999). Ziel muss es sein, die gesamte Auflage zum festgesetzten Preis zu verkaufen. Die Buchpreisbindung ermöglicht den Verlagen dabei eine klarere Kalkulation. Negative Folgen der Abhängigkeit von vielen Faktoren könne laut Lucius sowie Davies auch die Aufstellung eines Kriterienkatalogs minimalisieren (vgl. Davies 1995: 30 f.; Lucius 2005: 70). Trotzdem bestehe *hohe* Informationsunsicherheit bezüglich des Erfolgspotentials:

Die A-priori-Berechnung der Wirtschaftlichkeit einzelner Titel unterliegt unkalkulierbaren Risiken. Während Autorenhonorare (meist etwa 6 bis zu 10 % vom Nettopreis; bei prominenten Autoren 15 bis 20 %) sowie Druck- und Verwaltungskosten noch relativ gut zu kalkulieren sind (sich gleichwohl jedoch

> je nach Warengruppe, Titel oder Projekt deutlich unterscheiden können), stellen Vertrieb und Absatz schwer abwägbare Kostenpositionen dar. (Clement et al. 2009: 74)

Auch bei Spezial-Reihen mit Kleinauflagen gibt es ökonomische Beschränkungen, die zur Selektion der Manuskripte zwangläufig führt. Technisch können kleine Auflagen mittels Print-on-Demand-Verfahren realisiert werden. Die Bücher brauchen dann nicht bei Sortimentern in Regalen stehen, damit Kunden sie finden und kaufen, sondern das Internet wird zum Handelsort, wo Kosten der Lagerhaltung und Vertrieb minimalisiert werden können: die Texte werden lediglich gespeichert und als E-Books verkauft oder auf Wunsch gedruckt. Der Veröffentlichungsprozess wird dadurch ökonomisch rentabler, weil einige Vermittler wie Zwischenbuchhandel und stationäre Buchhändler ausgeschlossen werden können. Trotzdem bestehen Fixkosten und variable Kosten (Redaktion, Einkauf von Nutzungsrechten), die zu Errechnen sind, damit ein Buch als Wirtschaftsware gilt (vgl. Kerlen 2006: 73 ff.).

Die Veröffentlichung jedes neuen Buches ist mit einem Investitionsrisiko verbunden. 1994 beleuchtete Michael Hutter beim zweiten Mainzer Kolloquium den Zusammenhang zwischen Verlagsgeschäft und Literatur aus wirtschaftswissenschaftlicher Sicht. Er hat festgestellt, dass Auswahl von Texten mit literarischer Qualität riskant und wenig ertragreich sei:

> Solange Verlage noch so klein sind, daß der Unternehmer selbst selektiert, so lange läßt sich der Prozeß zugunsten der Kunst kurzschließen. Wenn der Verleger nämlich gleichzeitig Literaturrezipient ist, dann wird er den Verlag verwenden, um Texte mit hoher ästhetischer Qualität durchzusetzen. Wirtschaftlicher Verlust wird durch künstlerische - durchaus eigennützige - Lust ausgeglichen, aus Verlustgeschäften werden ‚Verlustgeschäfte', wie das Klaus Wagenbach formuliert hat. Diese Art der Mischkalkulation hat die Literaturproduktion in den vergangenen Jahren einigermaßen gesichert. (Hutter 1995: 9)

Die Ökonomie der Verlagstätigkeit ist in diesem Beispiel mit der Ästhetik mithilfe der Mischkalkulation vereinbart. Die modifizierte Form der Finanzierung der Verlage könne den Prozess der Manuskriptauswahl verändern und das Literatur-System anders gestalten lassen.

Exkurs: Ullstein Verlag – Vorzug der ökonomische Kriterien und der Mehrfachverwertung

Ullstein-Konzern ist eine Beispiel dafür, dass die Erarbeitung eines Verlagsprogramms auf dem Gebiet der Unterhaltungsliteratur schwierig ist:

> Ein buntes Programm von auflagenstarker Unterhaltungsliteratur verhinderte im großen Verlagskonzern die Entfaltung einer bestimmten literarischen Richtung oder eines weltanschaulichen Aspekts. (Schneider 2005: 128)

Schneider hat Verlagsarchive von Ullstein untersucht. In diesem Fall ginge es um Verlegen von Büchern, die nicht einem thematischen Schwerpunkt unterliegen, sondern sich gut verkaufen lassen: „Literarische Wertungen erfolgten im Lektorat der belletristischen Abteilung primär nicht nach literarisch-ästhetischen, sondern nach vermarktungsstrategischen Gesichtspunkten“ (Schneider 2005: 131).

Laut dieser Strategie wurde nicht in Autoren investiert, sondern in Bücher. Die verlegerische Sitte, nicht nur Einzeltitel, sondern auch das Gesamtschaffen eines Autors herauszugeben, habe in Ullstein nicht gegeben:

> Das Bestreben des Verlags war im Gegensatz zu den Individualverlagen nicht dadurch bestimmt, „Autoren zu machen“, sondern Bücher. Das Bestsellergeschäft war nicht darauf ausgerichtet, jungen Autoren eine langfristige Chance zum Durchbruch einzuräumen, sondern kurzfristig dem Verlag einen ökonomischen Erfolg zu sichern. Zur Verlagspolitik gehörte auch, dass einzelne Werke eines Autors im Verlag vertreten sein konnten, ohne zwingend sein Gesamtwerk aufzunehmen, wobei allerdings die Verlagsverträge in der Regel einen Optionspassus auf die nächsten zwei bis drei Werke eines Autors enthielten. (Schneider 2005: 128 f.)

Verlagsverträge dienen auch zur langfristigen Bindung von Autoren an den Verlag. Mit Optionsklauseln sichern sich die Verlage frühzeitig den exklusiven Zugriff auf zukünftige Werke von Autoren. Bei Debütanten sollen die Optionsklauseln eine Risikovergütung für Verlegers Aufbauarbeit sein und die Abwerbung der Autoren durch größere Verlage absichern. Von Bedeutung bei der Entscheidung, welche Titel in Ullstein aufgenommen wurden, war Mehrfachverwertung, d. h. Möglichkeit Nebenrechte für z. B. Vorabdrucke oder Verfilmung zu erwerben:

> Die Arbeit der „Romanabteilung“ konzentrierte sich nicht nur auf die Versorgung des Ullstein Buchverlags oder des Propyläen Verlags mit Manuskripten, sondern in die Überlegungen der Lektoren musste der Romanbedarf der Zeitungen und Zeitschriften des Konzerns einbezogen werden. Dazu gehörte neben der Sichtung von unverlangt eingesandten Manuskripten auch die aktive Autorenakquisition bzw. die Akquisition einzelner Werke. (Schneider 2005: 130)

Der Ullstein-Fall zeigt nachdrücklich, dass Lesergeschmack und Verkäuflichkeit an der ersten Stelle bei Manuskriptaufnahme standen.

8.6 Lizenzen – Vorteile der fertigen Produkte

Lizenznahme lässt Risiko bei einer Erstauflage vermindern, weil das Buch sich einmal auf einem anderen Markt bewährt hat. Außerdem wird es angenommen, dass der Text – auch die Übersetzung – weniger Redaktionsaufwand erfordert. Der deutsche Markt der Unterhaltungsliteratur steht unter Einfluss des amerikanischen Literaturbetriebes. Nach Günther Rühle sei die Schlussfolgerung, dass Bestseller in Amerika auch in Deutschland erfolgreich werden, unbestreitbar (vgl. Rühle 1985: 65). Der Vorrang der amerikanischen Literatur spiegelt sich auch in den Zahlen der Übersetzungen ins Deutsche. Seit Jahren spielt das Englische die führende Rolle (vgl. Börsenverein 2011).

Im Gegensatz zum „nationalen" Diskurs wird auch die Ansicht von manchen Branchenkenner vertreten, dass Lizenztitel Horizonte der deutschen Leserschaft erweitert, deswegen werden sich auch gebraucht. Der Literaturkritiker Stephan Landshuter konstatierte im Februar 2000, dass bei der Dominanz deutschsprachiger Literatur unter den Neuerscheinungen laufe man Gefahr, „die Literaturen anderer Länder ein wenig zu übersehen" (Landshuter 2000: 20). Die Lektoren haben auch auf die Literaturproduktion in Deutschland einen Einfluss. Es ist aufgrund der Theorie der Literarischen Handlungen, die von Siegfried J. Schmidt entwickelt wurde, anzunehmen, dass der Lektor Gegenstand der Untersuchungen der empirischen Literaturwissenschaft und demzufolge zum *wichtigen* Aktanten im Literatur-System werden kann.

8.7 Bekanntheit des Autors und der Markterfolg

Geringere Unsicherheit besteht bei Autoren, welche bereits einen erfolgreich Titel veröffentlicht haben sowie im Falle der deutschen Ausgaben internationaler Bestseller. Problematisch ist hingegen die Attraktivitätsbewertung bei Werken unbekannter Autoren. Bei der Bewertung ihrer Texte können andere Aspekte in den Vordergrund kommen, die sich direkt auf den Autor beziehen, wie z. B. seine Qualifikation, Motivation, Reputation, Termintreue sowie Offenheit gegenüber Änderungsvorschlägen (vgl. Schütz 2005: 197).

Stanley Unwin meint, dass die (angeforderten) Texte der Hausautoren anders als die der „neuen" Schriftsteller behandelt werden: Derartige Manuskripte werden *gewöhnlich* ohne weiteres angenommen und nicht sofort vom Lektor durchgesehen (vgl. Unwin 1965: 21 ff.). Thorsten Ahrend berichtet von einer Situation, wenn ein Hausautor seinen nächsten Text dem Lektorat vorlegt. Die Bewertung solcher Texte erfolge nach anderen Kriterien. Ahrend betont, dass dann der Verlag nicht nur für sein Bücher, sondern auch für seine Autoren stehe. Der Zweifel am Text schlägt sich in Zweifel am Autor über: Die Entscheidung über den Text hat zu Folge, dass der Verlag dem Autor absagt. Solche Dilemmata können bei der Lektüre jedes Manuskriptes vorkommen. Hausautoren sind jedoch das Verlagskapital und eine „Textgrube". Die Autorenbindung lässt das individuelle Profil bilden und konkurrenzfähig bleiben. Nach Schneider sei die Assoziation von Autoren mit Verlagsnamen ein erfolgversprechendes Marketingkonzept. Leserbindung funktioniere letztlich auch durch Autorenbindung (vgl. Schneider 2005: 116). Für manche Verlage ist die Zusicherung des Autors, auch künftige Werke im Verlag zu publizieren, die Grundvoraussetzung für das Investitionsengagement des Verlags. Diederich-Lektor Gustav Kilpper verwies der Autorin Ina Seidel auf die Vorteile, die sich für Autoren bei der Zusammenarbeit mit einem Verlag erweisen:

> Sie werden sich, wenn Sie sich unter den Dichtern und Erzählern von Rang umsehen, gewiss davon überzeugen, dass gerade diejenigen die stärksten äusseren Erfolge aufzuweisen hatten und haben, deren Bücher in einem Verlag vereinigt sind, der sich dann auch mit seiner ganzen Kraft dafür einsetzen kann, weil er nicht zu befürchten braucht, dass seine Arbeit zu gleichen oder vielleicht sogar noch grösseren Teilen andern Verlegern zugute kommen könnte. (Killpner 1922)

Clement et al. sind der Ansicht, dass es aus ökonomischer Sicht für Leser rational sei, sich auf bekannte Bücher von Star-Autoren zu konzentrieren. Neue Inhalte eines Autors steigern weiter den Nutzen des Konsumenten (vgl. Clement et al. 2009: 19 f.). Verlage sollten daher weiterhin auf Bestseller-Autoren setzen, weil sie insgesamt höhere Gewinne als Nischen-Autoren generieren.

Bei Publikumsverlagen kann sich der Autoren-Name auf Verkaufszahlen seiner Bücher positiv auswirken. Nach Kerlen lassen sich drei Typen solcher Situationen unterscheiden (vgl. Kerlen 2006: 69 ff.). Die erste Gruppe bilden Autoren wie Hermann Hesse, Günter Grass oder Peter Handke. Nicht lediglich vermittelte Inhalte, sondern auch andere Faktoren wie Geschichtsumstände und die Autorenherkunft spielten die Rolle in ihrer Karriere:

> Es ist nicht allein die Qualität des Inhaltes, welcher solche Karrieren begründet. [...] [D]er Umstand, dass Frisch und Dürrenmatt als Schweizer unbelastet waren von der jüngsten deutschen Vergangenheit, Grass, der mit „Die Blechtrommel" einen Nerv traf und Tabus brach [...]. (Kerlen 2006: 69)

Der Name, der auf Titelseite steht, schaffe Marktwert und sorge dafür, dass sich Folgewerke gut verkaufen. Große Erwartungen werden auch mit Autorennamen als Medienprodukten – Politiker Thilo Sarrazin mit seinem Buch „Deutschland schafft sich ab", Fußballspieler

Philipp Lahm,[21] oder Apple-Gründer Steve Jobs – verbunden.[22] In diesem Fall werden Medienpersonen als solche, ohne besondere Kompetenz oder literarische Leistung, zu Trägern von Marktwerten:

> Kein Verlag wird solche Autoren zurückweisen, weil das Manuskript Schwächen aufweist, lieber noch beauftragt man einen Ghostwriter oder setzt das Lektorat ein. Denn der Name als solcher verspricht sichere Erlöse, dieser Ökonomie entzieht sich niemand. (Kerlen 2006: 70)

Der Verfassername wird auch als Marke betrachtet, ein Beispiel hinzu: John Grisham, Stephen King oder Joanne K. Rowling. Die Verlage werben intensiv für ausgewählte Autoren, um im Zuge des Bestsellers erfolgreich auch weitere Titel auf den Markt zu bringen. Der Inhalt von Büchern sei auch in diesem Fall zweitrangig: „Natürlich spielt der Plot und der Schreibstil eine Rolle, aber es gibt Hunderte von Autoren, die ähnlich schreiben, aber nicht zum Zuge kommen, weil die Maschinerie ihnen verschlossen blieb“ (Kerlen 2006: 72). Die Typologie zeigt, was für einen Einfluss der Verfassername auf die Entscheidung über die Annahme seines Werkes haben kann.

Es wird auch der Einspruch erhoben, dass in den deutschen Verlagen zu wenig Texte der Debütanten verlegt werden. Der Grund für solch eine Handlung solle „marktkonformes Vorgehen“ bei der Auswahl der Manuskripte sein. Wie Schneider konstatiert, der deutsche Markt erlebte in den neunziger Jahren des 20. Jahrhunderts eine Wende. Der Ausgangspunkt für Auswahl der Werke von Debütanten seien aber nicht die literarisch-ästhetische Werte, sondern der Lesergeschmack und die Verkäuflichkeit gewesen. Statt Lesergewohnheiten zu gestalten, sei der Unterhaltungsliteratur positiver Wert zugewiesen worden:

> In den neunziger Jahren hatte sich ein Prozeß vollzogen, der nur vordergründig rein literarisch gesehen werden darf. Die Lektoren mußten feststellen, daß sich gehobene deutsche Literatur nur noch schlecht verkaufen ließ, so daß sie kaum noch eine ökonomische Funktion im Literaturgeschäft ausfüllen konnte. Um dem entgegenzusteuern, wurde eine »symbolische« Aufwertung« der Unterhaltung vollzogen, sie wurde zur Kunst erhoben, und damit wurde »der zweiten Norm« Rechnung getragen: Es gibt wieder mehr Leser und damit auch Käufer von »Literatur als Kunst«. (Heydebrand/Winko 1996: 96)

Der Trend auf dem Buchmarkt, junge Autoren zu verlegen, sei u. a. durch hohe Preise der Lizenzen verursacht. Nur noch große, meist konzerngebundene Verlagekonnten auf dem internationalen Markt um Lizenzen mitsteigern. Das Resultat: Lektoren (und auch Verleger)

[21] Vgl. www.amazon.de/Der-feine-Unterschied-heute-Spitzenfu%C3%9Fballer/dp/3888977290/ref=sr_1_1?s=books&ie=UTF8&qid=1334791050&sr=1-1.
[22] Vgl. www.amazon.de/Steve-Jobs-autorisierte-Biografie-Apple-Gr%C3%BCnders/dp/357010124X/ref=sr_1_sc_1?s=books&ie=UTF8&qid=1334791111&sr=1-1-spell.

wollten durch die stetige öffentliche Betonung der Erzählliteratur junger deutscher Autoren den Blick der Leser und damit der Käufer auf diejenige Literatur lenken, die für die Verlage in den Lizenz- oder Honorarkosten günstiger war.

Exkurs: Manuskriptauswahl in der Deutschen Demokratischen Republik

In der DDR steuerte der Staat die Produktion im Verlagswesen. Deswegen waren Entscheidungen der staatlichen Behörde für die Literatur prägend. In der DDR waren dem Lektor die Kriterien zur Bewertung von Manuskripten von staatlicher bzw. parteiamtlicher Seite normativ vorgegeben (vgl. Rumland 1993). Dieser inhaltliche Aspekt der Verlagstätigkeit des Lektors änderte aber nichts Grundlegendes an seiner Funktion: der Begutachtung von Manuskripten. Schneider berichtet, dass vor allem gesellschaftlich-politische Kenntnisse und Identifizierung mit dem Plan im ostdeutschen Literaturbetrieb von Bedeutung waren (vgl. Schneider 2005: 234 ff.). Das Hauptziel der Literatur in der DDR sei der „Aufbau der Zukunft des Volkes" in einem vereinigten Deutschland und der Kampf um den Frieden in der Welt gewesen. Damit die Ziele durchgesetzt werden, wurden ab 1958 Lektoren aller Verlagsformen systematisch geschult. Um die Schulungen erfolgreich durchzuführen, seien die Planvorgaben für die Quantität jährlicher Neuerscheinungen geändert worden: Der prozentuale Anteil der Neuerscheinungen gegenüber den Nachauflagen sei reduziert worden. Ein weiteres Merkmal der zentralen Planungspolitik seien Anweisungen zur Abfassung der Lektoratsgutachten, die den Inhalt des Manuskriptes und seine Beurteilung enthalten sollten, gewesen. Trotzdem sei kein Kriterienkatalog aufgezwungen worden, sodass verschiedene Wertmaßstäbe im Entscheidungsprozess *Manuskriptauswahl* berüchsichtigt worden seien.

Zwischenfazit

Verlage richten sich bei der Auswahl der Manuskripte nach verschiedenen Kriterien, aber ökonomische Gründe für eine Publizierung gehören zu den letztentscheidenden. Um die Lektoratsarbeit rational auszuführen, wurden Modelle der Entscheidungsprozesse entwickelt. Nicht immer wird zur Gegenstand der Bewertung ein fertiges Manuskript, sondern Verlagsmitarbeiter analysieren auch Exposés und Gutachten. Da Risiko im Falle von Debütanten im Literatur-System *hoch* ist, arbeiten Verlage mit Hausautoren zusammen und kaufen Lizenzen. Der Verleger agiert so zwischen Geist und Kommerz.

9 Soziale Wirkung und literarische Qualität der Texte als zentrale Kriterien der Manuskriptauswahl

Mein Ausgangspunkt ist, dass der Mechanismus der Manuskriptauswahl mit den zentralen Kriterien der Schönheit, der Unterhaltung und der sozialen Wirkung so funktioniert, dass die Verlagsmitarbeiter im Laufe ihrer Bildung verschiedene Wertsysteme kennen lernen und dann ihre eigenen Wertmaßstäbe entwickeln. Es ist auch hinzuzufügen, dass die Lektoren als Aktanten in literarischen Vermittlungshandlungen tätig sind, deswegen auf ihre Entscheidungen außer der ästhetischen und soziokulturellen Präferenzen auch kontextabhängige Faktoren, wie die Ziele des Verlags, einen Einfluss haben. Je nach dem Lektor sieht auch der Prozess der Manuskriptlektüre anders aus. Es wird in dieser Arbeit angenommen, dass die Methode, Informationen über den Text zu gewinnen, auch den Beurteilungsprozess beeinflusst.

Als Maßstab für die Bewertung des literarisch-ästhetischen Wertes eines Werkes dienen auch Vertreter der „internationalen“ Literatur. Ute Schneider beruft sich auf einige Lektoren, deren Wertmaßstäbe auf dem Begriff *international* basierten. Als Erstes wird Peter von Rühmkopf genannt, der in einem seiner Gutachten schrieb:

> Ein belangloser Stoff, auf Thomasmannsche Art serviert: gestelzte Sachlichkeit eines recht verschachtelten und preziös- nüchternen Satzbaus. Ein Anhauch von Tonio-Kröger-Problematik weist nur einmal mehr auf das Vorbild hin und spricht nicht für eine originale Differenziertheit des Verfassers. (Rühmkopf 1959)

Ähnlich erfolgte Bewertung des Rowohlt-Lektors Friedo Lampe, der eingesandte Manuskripte mit der modernen Weltliteratur, z. B. Ernest Hemingway, verglichen habe (vgl. Lampe 1922).

Ein „klassisches“ Werturteil orientiert sich an den Kategorien ‚Originalität‘ und ‚Geschlossenheit‘. Martin Hielscher, wie es sich aus seiner Lektoratskorrespondenz im Luchterhand Verlag ergibt, schätzte an den Werken der Debütanten

> die Erfahrung der Prozesshaftigkeit, des Unabgeschlossenen, des Experimentierenden, Tastenden [...], das Offene ihrer Konzepte, das oft erst im Gespräch mit dem Lektor, in der Arbeit an ersten Entwürfen, in der Revision einer ganzen Fassung zu etwas vorläufig Endgültigem wird (Hielscher 1997: 79).

Das ‚Neue‘ als einer der wichtigsten Entscheidungskriterien werde auch aus dem ökonomischen Standpunkt für Vorteil gehalten, so Andreas Anter:

> Es ist nicht nur der Zauber, der jedem Anfang innewohnt, nicht nur die Charme des ersten Mals. Sondern es ist auch die Legitimation der Neuheit - das eherne Gesetz des Markts: das Neue scheint immer interessiert als das Alte. Im Literaturbetrieb ist dieses Gesetz um so spürbarer. (Hielscher 1993)

Aus der buchwissenschaftlichen und philologischen Perspektive versuchte Renate von Heydebrand, aufgrund der literaturkritischen Schriften von Lektor Moritz Heimann, sein Wertesystem zu rekonstruieren, das dann auch bei der Manuskriptauswahl Geltung gefunden habe (vgl. Heydebrand 1984). Schneider konstatiert,

> die aus den Kritiken herausgefilterten Grundgedanken der Weltanschauung Heimanns finden sich ähnlich wieder in den Werken der von Heimann bevorzugten und teilweise von ihm lektorierten Autoren wie Hermann Stehr und Emil Strauß. (Schneider 1997: 119)

Als Nächstes ist die Analyse von Gutachten des Lektors Oskar Loerke (vgl. Loerke 1939), die Ute Schneider durchgeführt hatte, zu nennen. Bei Loerke bildeten bei der Selektion „die Perspektive des Lesers, seine Aufnahmebereitschaft, Handlungsaufbau, Stil und stringente inhaltliche Darlegung die Ausgangsbasis" (Schneider 2005: 217) die entscheidende Rolle. So hat Schneider auch bei Hermann Kasack, der 1950 für Peter Suhrkamp das Theaterstück „Der Betrüger" von Harro-Heinz Jacobsen begutachtete, festgestellt, dass „[er] die Komposition des Textes bemängelte, die ein formales Gestaltungsmittel ist und den Wert ‚Schönheit' konkretisiert" (Schneider 2005: 217).

Diese methodisch beispielgebende Fallstudie für die Analyse der literarischen Wertung eines individuellen Lektors könnte auch in größerem Ausmaß durchgeführt werden, aber diese Aufgabe sei nach Schneider aufgrund der schwierigen Quellenlage unmöglich (vgl. Schneider 2005). Da es an (editionswissenschaftlichen) Untersuchungen zu dieser Problematik mangelt, werden die Informationen über Präferenzen der Lektoren anders gewonnen, nämlich durch Interviews.

In einer Umfrage der Zeitschrift „Buchmarkt" aus dem Jahr 1969 wurde folgende Frage an Lektoren einiger deutschen literarischen Verlage gerichtet: „Verfolgen Sie ein gesellschaftspolitisches Konzept oder welche Bücher würden Sie fraglos bringen und welche auf keinen Fall?" (Umfrage 1969: 59). Die Frage selbst impliziert die Erwartung eines erwünschten Wertes. So gibt Wolfram Schäfer vom Luchterhand-Verlag die Antwort an, dass er solche Werke bevorzugt, die Leser zu Reflexionen über sich selbst anregen.

Ich würde jedes Buch bringen, das den Anspruch erheben kann, zur positiven Diskussion über die literarischen Ausdrucksmöglichkeiten beizutragen. Ich könnte mich nicht für ein Werk einsetzen, das sich im Privaten erschöpft oder eine Masche zum Anlaß nimmt, sich davon tragen zu lassen. (Umfrage 1969: 59)

Außer der Funktion, Menschen intellektuell herauszufordern, werden auch andere Kriterien genannt. Dieter Wellershoff vom Verlag Kiepenheuer & Witsch legte den Wert auf innovative Texte. Auch der rowoltsche Lektor Fritz J. Raddatz bevorzugte Texte, die umstrittene Themen aufnehmen: „[Texte haben] Tabus aller erdenklicher Art aufzubrechen, handele es sich dabei um artistische [...], sexuelle [...] oder politische Tabus [...]" (Umfrage 1969: 59). Im ähnlichen Stil äußert sich über die Auswahl Siegfried Unseld aus dem Suhrkamp Verlag:

Früher lautete meine Antwort: ich möchte Bücher machen, die Spaß bereiten. Ich möchte Bücher machen, die etwas bewirken, und immer schwebt mir hierbei Kafkas Satz vor: „Ein Buch muß die Axt sein für das gefrorene Meer in uns." Oder, wie Marcel Proust am Schluss der Recherche schrieb: „Um aber auf mich selbst zurückzukommen", so dachte ich bescheidener an mein Buch, und es wäre sogar ungenau zu sagen, daß ich dabei nur an meine Leser dachte. (Unseld 1974: 56)

Die genannten Beispiele suggerieren außer ökonomischen Kriterien auch andere Aspekte der Annahme oder Ablehnung eines Manuskriptes wie politische Einstellung, Erweiterung von Horizonten sowie Abbau von Vorurteilen bei der Analyse der Wertmaßstäbe zu berücksichtigen.

In der Diskussion über den Buchmarkt, die am 29. November 1984 stattgefunden hat, wurden Verlagslektoren zu ihren Vorzügen bei der Manuskriptauswahl befragt. S. Fischer--Lektor Thomas Beckermann stellte vor ökonomischen Werten bei der Manuskriptauswahl die soziokulturelle Bedeutung der Bücher:

Nicht die Verkäuflichkeit, der Marktwert eines Buches sagt etwas über die literarische Qualität des Lektors, sondern die soziokulturelle Bedeutung der Bücher, denen er zur Veröffentlichung verhelfen kann, so großartig das auch klingen mag, der Markt entscheidet gegebenenfalls über die Verlängerung des Anstellungsvertrages des Lektors, aber nur die literarische Öffentlichkeit und die Literaturgeschichte können seine literarischen Hebammen-Dienste beurteilen. (zit. nach Rectanus 1984)

Klaus Siblewsky führt in die Diskussion den Aspekt ein, dass er im Entscheidungsprozess der Manuskriptauswahl nach Leseeindrücken und Intuition handle. Außerdem habe er Verlagsinteressen im Hinterkopf (Siblewsky 2001: 181). Einerseits ist daraus zu schließen, dass der Lektor bestimmte Kompetenzen besitzen solle, die ihn prädestinieren, Texte zu beurteilen, andererseits reduziert Siblewsky die Aufgabe des Lektors auf den Lesevorgang. Auch der Verlag als Institution solle den Einfluss auf Entscheidungen der Lektoren ausüben. Siblewsky gibt das Beispiel aus dem deutschen Buchmarkt hinzu, als ein Lektor aus dem Luchterhand Verlag zum Suhrkamp wechselte:

> Der Verlag spielt zweifelsohne eine große Rolle. Ich habe beispielsweise Kollegen erlebt, die bei Luchterhand ganz realistische Prosa empfohlen haben, dann zu Suhrkamp gewechselt sind und dort die abgefahrensten Manuskripte damaliger Neoavantgarden vorschlugen, die sie bei Luchterhand nie in die Hand genommen hätten. Es scheint tatsächlich so zu sein, dass die Verlage, in denen Lektoren arbeiten, auf deren Urteilsbildung Einfluss nehmen. (Siblewsky 2001: 182)

Aus dem Interview mit Christiane Schmidt, die drei Jahre Programmleiterin in der Deutschen Verlagsanstalt war, geht hervor, dass ihr Programm nach folgenden Kriterien besteht:

> Im Prinzip habe ich eine Struktur. Sie besteht aus drei oder vier deutschsprachigen und zwei bis drei übersetzten Prosatiteln, dann meistens noch ein Lyrikband und ein begleitendes Sachbuch, letzteres ist häufig von Reich-Ranicki. (Schmidt 2001: 11)

Die Struktur der Reihe hatte auf ihre Entscheidungen einen Einfluss. Schmidt habe dagegen keine Zielgruppe bestimmt, an die sie ihre Bücher orientiert. Edgar Bracht aus dem Lektorat Sachbuch und Belletristik des Karl Blessing Verlags sei sich dessen bewusst, dass die Verlagsökonomie seine Entscheidungen beeinflusst (Bracht 2001: 54). Er beschreibt auch den Lesevorgang:

> [...] Man achtet auf die wirklich wichtigen Dinge. Ich lese oft die ersten 30, 40 Seiten eines Manuskripts sehr genau, achte auf die Sprache, dann blättere ich ein bisschen, schaue, wie es so weiterläuft, lese in der Mitte ein wenig und oft noch den Schluss. Meistens habe ich innerhalb von einer halben Stunde ein Urteil über ein Buch. (Bracht 2001: 54)

Aus dieser Aussage ist leider nicht zu schließen, was unter „wichtigen Dingen" und „Sprache" verstanden wird. Interessant ist die Zeitangabe: 30 Minuten, die einem Buch gewidmet werden. Der Lektor erzählt, dass auch solche Tage passieren, in denen er Tausende der Seiten lese. Er konzentriere sich dann vor allem auf den Anfang und den Klappentext – aufgrund von diesen Informationen verfasse er sein Urteil.

Zur Beschreibung der ästhetischen Kriterien bei der Manuskriptauswahl dienen wegen Mangels an literatur-, editions- sowie buchwissenschaftlichen Analysen auch die Interviews, die Mitte der siebziger Jahre mit Lektoren deutscher literarischer Verlage durchgeführt worden waren und dann in der Dokumentation „Gegenwartsliteratur. Mittel und Bedingungen ihrer Produktion“ veröffentlich wurden. Die Hauptfrage betraf die Kriterien, die ein Manuskript eines unbekannten Autors erfüllen müsse, um in den Verlag aufgenommen zu werden (vgl. Walter/Bloch: 1975: 354).

Martin Müller vom Artemis Verlag gab an, dass er vor allem Manuskripte schätze, in denen sprachliche Mittel mit dem Inhalt übereinstimmen. Der Texte sollte

> aus der inneren Freiheit des Autors stammen: aus der Freiheit zu sich selbst, zur Gesellschaft und zu bestehender Literatur. Unter dem Aspekt solcher Freiheit - aus der echtes ‚kritisches Bewußtsein‘ erst möglich wird –, wird das Ego des Autors, werden seine Bezüge zur; Gesellschaft und ihren Problemen wie auch zur Literatur sicher ihren Stellenwert besitzen, nicht aber absolut gesetzt werden. (Müller 1975: 354)

Hans Josef Mundt, der Lektor des Kurt Desch Verlags, war dagegen der Meinung, dass entscheidend bei der Aufnahme neuer Autoren die originelle Optik des Autors, seine erzählerische Begabung und sein Artikulationsvermögen seien (vgl. Mündt 1975: 356 f.). Über den Wert ‚Originalität’ bestand unter einigen Lektoren Konsens: Felix Berner von der Deutschen Verlags-Anstalt und Gertrud Frank, Lektorin im Residenz Verlag, sprachen genau diesen Aspekt an (vgl. Berner 1975: 359; Frank 1975: 372).

Der Schriftsteller Friedrich Christian Delius, Lektor im Rotbuch Verlag, forderte in erster Linie politisches Bewusstsein beim Autor (vgl. Delius 1975: 374). Dazu äußerte er sich über den Textaufbau und die -auswirkung:

> Ist das beschriebene/erzählte/dramatisierte/poetisierte Material (›Stoff‹) wichtig genug für eine Publikation in 4000 oder mehr Exemplaren? Ist die literarische Technik (Konzeption, Bau, Erzählperspektive, Stil, Sprache) einigermaßen optimal? Ist die Funktion, die das Werk bei den Lesern unserer Erwartung nach hat, aller Voraussicht nach sinnvoll - d.h. klärt es auf? regt es an? informiert es? stellt es die Realität widersprüchlich genug und als veränderbar dar? verschafft es Genuß? (Delius 1975: 374).

Die Kriterien, die Otto F. Walter als literarischer Leiter des Luchterhand Verlags bei der Beurteilung von Manuskripten benannte, waren streng literarisch-ästhetisch, und bevorzugten Texte, die „nie Sprache ernst nehmen“ (Walter 1975: 329). Helmut Heißenbüttel und Franz Mon nannte Walter als prominente Beispiele für diese Art zu schreiben. Außerdem schätzte er die Innovativität der Sprache, deren Texte von den Autoren Kurt Marti, Peter Bichsel und Jörg Steiner vertraten.

Zwischenfazit

Trotz mancher Gemeinsamkeiten in der Argumentation wird in den Zitaten deutlich, daß grundsätzlich kein Konsens über allgemeine Wertmaßstäbe existiert. Eine Verständigung über den Wert eines Werkes wurde lediglich in der Betonung der Originalität erreicht.

Die Methodologie der Informationsgewinnung durch Befragung der Lektoren zu ihren Wertmaßstäben lässt viel zu wünschen übrig, wenn es um den Zusammenhang zwischen dem Untersuchungssubjekt und dem Untersuchungsobjekt geht. Einen Schritt weiter könnte in der Forschung eine inhaltliche Analyse des Programms führen, da das die genannten Lektoren vorbereiteten.

10 Literatur als Gegenstand der empirischen Literaturwissenschaft

In dieser Arbeit wird davon ausgegangen, dass die literarischen Wertung ein komplexer Handlungsprozess ist, der vom Lektor bei der Manuskriptauswahl vollzogen wird. Eines der Hauptelemente dieses Vorgehens ist der Leseakt, also der Wahrnehmungsprozess von schriftlich dargestellten Zeichen. Dass dieser Prozess selektiv ist und je nach dem Rezipienten anders erfolgt, versuchen kognitionspsychologische Untersuchungen (vgl. Kliś 2004) sowie die empirische Literaturwissenschaft zu beweisen:

> Jeder Wahrnehmungs- und Erkenntnisstand ist gebunden an einen erkennenden Menschen, an dessen Organisation und Strukturen; er sich subjekt*abhängig*.

Das bedeutet nicht, daß er deshalb subjektiv ist. In ständiger Interaktion mit seiner Umwelt und anderen Menschen produziert jeder Mensch Modelle von Wirklichkeit, mit deren Hilfe er sich orientiert und seine Erfahrungen systematisiert. Wir *konstruieren* als Menschen unsere Wirklichkeit in Form von gesellschaftlich akzeptierten Wirklichkeitsmodellen.

> [...] Für Menschen kann es nur menschenabhängige „Wirklichkeiten" geben (die wir hier Wirklichkeitsmodelle nennen). Solche Wirklichkeitsmodelle sind die Ergebnisse vieler Problemlösungen, die erfolgreich waren, also in diesem Sinne *gepaßt* haben — was nichts über ihre objektive Wahrheit aussagt! (Hauptmeier/Schmidt 1985: 26)

Das ist der Ausgangspunkt für die Überlegung, welche Faktoren auf die literarische Wertung den Einfluss haben. Das Textverständnis steht auch im Zusammenhang mit den Bedingungen der jeweiligen Äußerungssituation:

> Da keine zwei Menschen gleich veranlagt sind; da ihre Sozialisationsprozesse nie völlig gleich sind; da ihre Lebenserfahrungen stets verschieden sind und ihre Interessen in verschiedene Richtungen gehen, muß man dankt rechnen, daß ein und derselbe sprachliche Text von jedem Leser oder Hörer mehr oder weniger geringfügig „anders verstanden" wird. (Hauptmeier/Schmidt 1985: 29)

Leser nehmen unterschiedliche Merkmale eines Textes auf und verarbeiten sie auf verschiedene Weise. Für die Beschreibung der Verstehensprozesse greifen die Linguisten wie Richard nach Schema-Konzeptionen (vgl. Anderson et al. 1977), deren Komponente Erfahrungen, Dispositionen sowie Wertmaßstäbe (z. B. ästhetische, ökonomieorienterte, ethische, oder politische) sind: „Spezifika der Verstehenssituation bewirken bei den Verstehenden die Aktivierung kognitiver Schemata und diese wiederum steuern alle relevanten inhaltlich wichtigen Verstehensprozesse“ (Meutsch 1987: 6). Unterschiede zwischen Schemata der jeweiligen Person determinieren Differenzen bei der Bildung von Bedeutungen:

> Es ist davon auszugehen, dass Werte im Sozialisationsprozess angeeignet werden und wenn auch keine gesamtgesellschaftliche so doch gruppenspezifische Geltung haben. ‚Moralische Qualität literarischer Texte‘ dürfte im Literatursystem als positiver Wert relativ weite Anerkennung finden, außer vielleicht in Gruppen, die eine ästhetizistische Literaturauffassung vertreten. (Arnold/Detering 1996: 591)

Die Wahrnehmung erfolgt also nicht passiv, sondern gelesene Informationen werden durch Leser konstruiert. Die Wirksamkeit solcher Schemata wurde auch in empirischen Einzeluntersuchungen nachgewiesen (vgl. Bower et al. 1979). Meutsch weist aber darauf hin, dass es theoretische sowie empirische Arbeiten zur Erklärung der psychischen Prozesse beim literarischen Textverstehen fehle (vgl. Meutsch 1987: 16 f.).

10.1 Entwicklung der Wertungsdiskussion in der Literaturwissenschaft

Nach Arnold und Detering ist unter dem Begriff *Wertung* eine Handlung zu verstehen, in der ein Subjekt einem Objekt (Gegenstand, Sachverhalt, Person) die Eigenschaft zuordnet, in Bezug auf einen bestimmten Maßstab (vgl. Arnold/Detering 1996: 586). Literaturwissenschaften stellen sich auch zum Ziel, Wertungsprozesse und -mechanismen in Bezug auf Literatur zu rekonstruieren und zu erklären. Diskussionen unter Akademikern und Intellektuellen und die sich daraus ergebende Vielzahl der literaturwissenschaftlichen Theorien, die in Einführungen in Literaturwissenschaft präsent wird (vgl. Nünning 2004; Sexl 2004), zeigen die Uneinigkeit in Bezug auf allgemein anerkannte Maßstäbe im literarischen Wertungsprozess. Überblick über die Entwicklung der literaturwissenschaftlichen Diskussion über Wertungskriterien bietet u. a. Mecklenburg (vgl. Mecklenburg 1977). Wertungsprozesse kommen in jedem Bereich des Handelns mit Literatur vor: bei der Produktion (Autoren), bei der Vermittlung (Verleger, Lektoren, Buchhändler), bei der Rezeption (Leser) sowie bei der Verarbeitung (Literaturkritiker und -wissenschaftler). Der Wertungsprozess bestehe nach Grübel (1983, 1995) Fricke (1991) zumindest aus dreistelliger Beziehung. Ein Wertender beurteilt einen Gegenstand und richtet sich appellativ an Wertungsadressaten.

Die Thematisierung des Wertens von Literatur durch die Literaturwissenschaft habe nach Kienecker Anfang des 20. Jahrhunderts begonnen und das 1923 herausgegebene Buch Oskar Walzels „Gehalt und Gestalt im Kunstwerk des Dichters“ werde als „Anfangspunkt der

Wertungsdiskussion in der Literaturwissenschaft“ (Kienecker 1989: 20) angesehen. Wie Heydebrand/Winko betonen, sei es damals „ausschließlich um den kulturellen Wert von Dichtung, um den Wert von ‚Literatur als Kunst‘, und auf ihn bliebe das Interesse der Forschung auch für Jahrzehnte gerichtet“ (Heydebrand/Winko 1996: 13) gegangen. 1923 publizierte Levin L. Schücking, die „Soziologie der literarischen Geschmacksbildung“, in der die Bedeutung der vermittelnden und auswählenden Instanzen wie Verlage, Buchhändler, Literaturkritiker erkannt worden sei (vgl. Schücking 1923). Alfred Kleinberg verfasste dagegen im Jahre 1927 Studie „Die deutsche Dichtung in ihren sozialen, zeit- und geistesgeschichtlichen Bedingungen“, worin die sozioökonomischen Aspekte der Literatur aufgezeigt wurden (vgl. Kleinberg 1927).

Erst seit den siebziger Jahren des 20. Jahrhunderts wurden Verleger als fester Bestandteil einer literaturwissenschaftlichen Theorie beachtet. Siegfried J. Schmidt konzipierte mit der NIKOL-Gruppe die empirische Literaturwissenschaft, die Literatur als Ergebnis von vier Literaturhandlungen erfasst. Schmidt schafft einen theoretischen und systematischen Rahmen zur Beschreibung und Erklärung literarischen Verstehens als literarisch-kommunikative Handlung. Dieses Konzept steht in Opposition zu textorientierten Ansätzen, die versuchen zu beweisen, dass eine besondere Gestaltung der textimmanenten Komponente dazu beiträgt, dass Texte eine poetische Funktion erhalten.

Der Begriff *Text* wird zweifach definiert:

1. Materialer Komponent des Sprachhandelns.
2. Kommunikat als subjektbezogener, kognitiver Komponente.

Mit dieser Trennung entfällt ein ontologischer Textbegriff:

> Allen Verfahren, die ausschließliche Arbeit am Text leisten, und damit die intersubjektive Explikation der Bedeutungen dieser Texte beanspruchen, muss aus dieser Sicht eine Absage erteilt werden, da Texte keine Objekte darstellen, die Bedeutungen enthalten oder transportieren können. (Meutsch 1987: 4)

Ein Text enthält also a priori keine Bedeutung, sondern ein Handelnder (Aktant), also „ein Individuum, das eine Sozialisationsgeschichte durchlaufen und dessen Handeln durch Bedürfnisse, Fähigkeiten, Motivationen und Intentionen geprägt ist“ (Hauptmeier/Schmidt 1985: 61), konstruiert sie in einer kommunikativer Handlung während des Verstehensprozesses ein Kommunikat.

Die empirische Literaturwissenschaft kritisiert die „traditionellen“ Literatureinführungen u. a. wegen ihres scheinbaren wissenschaftlichen Fortschrittes im Laufe der Zeit und ihrer Beliebigkeit in der Anwendung der Untersuchungsmethoden (vgl. Hauptmeier/

Schmidt 1985: 2 f.). Die empirische Literaturwissenschaft, noch lediglich im Ansatz formuliert, strebt nach möglichst weitester Kohärenz und Explizitheit ihrer Methoden:

> Aufgrund ihrer Forderung nach theoretischer und methodischer Klarheit und empirischer Prüfbarkeit ihrer Ergebnisse strebt die Empirische Literaturwissenschaft nach lehr- und lernbaren Verfahren und im Zusammenhang damit nach einer klaren und unzweideutigen Fachsprache, um dem Ziel einer demokratischen Wissenschaftlergemeinschaft näherzukommen. (‚Demokratisch' heißt hier – auf Intersubjektivität und rationale Argumentation hin orientiert.) Die Empirische Literaturwissenschaft ist weiterhin nicht allein fixiert auf „das literarische Kunstwerk" und seine „Interpretation", sondern interessiert sich für menschliche Handlungen, die mit literarischen Phänomenen im weitesten Sinne zu tun haben. Dieses Interesse läßt sich nicht mit einsamer Textarbeit abgelten; es erfordert Teamarbeit „im Feld", in gesellschaftlichen Situationen — Teamarbeit, die explizite Theorien und Methoden voraussetzt und von diesen allererst möglich gemacht wird. (Hauptmeier/Schmidt 1985: 5)

Nach Schmidt sind nicht-literarische Verstehenshandlungen primär durch Kriterien ihres handlungspraktischen Nutzens und ihres Wahrheitsgehaltes gekennzeichnet (vgl. Schmidt 1980: 84). Dieser Auffassung nach, Literatur als Handlungsbereich, den die spezifischen Konventionen – Ästhetik-Literarische Konvention und Polyvalenz-Konvention – steuern, liegt die folgende Überzeugung zugrunde: „Wir verstehen nicht literarische Texte, sondern wir verstehen Texte literarisch" (Meutsch 1987: VI).

Die Ästhetik-Literarische Konvention besagt, dass derjenige, der im Literatursystem handelt, seine (sprachlich kognitiven) Handlungen nicht primär nach Kriterien wie wahr/falsch oder nützlich/nutzlos ausrichtet, sondern sie subjektabhängig für poetisch hält (vgl. Schmidt 1980: 159). Bei der Einführung der Ästhetik-Konvention gehe es primär um die Bestimmung solcher Faktoren, die für die Innen-Außen-Differenzierung des Systems ästhetischen kommunikativen Handelns sorgen. Die Polyvalenz-Literarische Konvention besagt dagegen, dass „Aktanten im Literatursystem die Freiheit haben, als literarisch eingeschätzte Texte so zu behandeln, wie es für ihre Bedürfnisse, Fähigkeiten, Motivationen und Intentionen optimal ist" (vgl. Schmidt 1980: 174). Die Polyvalenz-Konvention eröffnet also Spielräume für bedeutungskonstitutierende Handlungen: Nicht Eindeutigkeit von Beziehungen auf das sozial geläufige Wirklichkeitsmodel] ist das Ziel des Literatur--Produzenten, sondern produktive, poetisch bewertbare Bedeutungs- und Bewertungsmöglichkeiten, die Literatur- Rezipienten unter verschiedenen Bedingungen auf jeweils subjektiv optimale Weise realisieren (können).

Interessant in der empirischen Literaturwissenschaft ist die Annahme, dass das Voraussetzungssystem eines Aktanten, also seine Bedürfnisse, Fähigkeiten, Motivationen und

Intentionen sowie von ihm angeeignete Werte, Normen und Konventionen, bestimmt sein Wirklichkeitsmodell, hier: sein Literaturverständnis (vgl. Hauptmeier/Schmidt 1985: 63). Bei der Realisierung einer Handlung werden vom Aktanten bestimmte Handlungsvoraussetzungen erfüllt, die die Realisierung der Handlung steuern und die Handlungsstrategie genannt werden. Die Ausführung eines Handlungsplans werde wiederum Handlungsrealisierung genannt.

Der Verleger bzw. Lektor spielt im Prozess der Manuskriptauswahl die Rolle des vermittelnden Aktanten. Seine Handlungen bilden ein Handlungssystem. Er ordnet bei der Realisierung der Manuskriptauswahl-Handlung dem wahrgenommenen Text eine ‚Lesart' zu. Das Kriterium für die Annehmbarkeit einer Lesart sei keine Wahrheit, Autorintentions- oder Text-Adäquanz, sondern sozial erfolgreiche Auseinandersetzung mit literarischen Texten (vgl. Hauptmeier/Schmidt 1985: 104).

10.2 Ein Beitrag der empirischen Literaturwissenschaft zur Wertung der Literatur

Als Werte werden in der empirischen Literaturwissenschaft emotional besetzte kognitive Konstrukte, die im Individuum im Verlauf seiner Sozialisationsgeschichte als „qualitative" Handlungsorientierungen entstehen, die dann seine Handlungen steuern. (vgl. Hauptmeier/Schmidt 1985: 132). Aus der Einsicht, daß Werte und Normen nicht letztbegründungsfähig ergebe sich dagegen kein Wertrelativismus. Dafür solle die Bindung jedes Aktanten im Literatursystem an Traditionen, Überzeugungen, Interessen und Hoffnungen sorgen. Nach Hauptmeier und Schmidt enthalte jedes literarische Werturteil zwei Komponenten: Die Feststellung, der zu beurteilende Text *T* sei ein literarischer Text sowie die Einordnung dieses Textes auf einer ästhetischen Wertungsskala (T ist literarisch und T ist literarisch wertvoll). In einer empirischen Literaturwissenschaft, die Literaturprozesse in Literatur-Systemen berücksichtigt, seien bei Werturteilen zumindest Spezifika der Handlungsrolle des Wertenden im Literatur-System zu berücksichtigen, weil Werturteile im Literatur-System nach der Handlungsrolle des wertenden Aktanten differieren. Außerdem ist dem Literatur-System zugrunde liegende Literaturtheorie einzuschätzen. Auch Einschätzung von Verfahren der Textorganisation (Stilistik) lässt sprachliche Strukturen zu bestimmen, die unter bestimmten Umständen den Einsatz der Ästhetik-Konvention fördern. Literarische Werturteile sollen argumentierend dargelegt werden, also auf der Formel „ich finde T schön, weil ..." basieren, damit die Literaturwissenschaft nicht im Gegensatz zu Naturwissenschaften verstanden wird. Eine möglichst präzise Beschreibung der literarischen Vermittlungshandlungen hat zum Ziel, die Literaturwissenschaft zwecks Optimalisierung des Verlagswesens und Erklärung von Wertungsmechanismen im Literatur-System einzusetzen.

Um Informationen über den so verstandenen Wertungsprozess zu gewinnen, sind in der Arbeit mit Menschen Methoden wie die Beobachtung, die Befragung, das Experiment, die Gruppendiskussion und die Soziometrie einzusetzen. Dagegen bei der Bearbeitung von Dokumenten werden die Inhaltsanalyse, die Sekundäranalyse oder die Computer-Simulation empfohlen (vgl. Hauptmeier/Schmidt 1985 144 f.).

Der Buchmarkt und das Literatur-System stehen in Wechselwirkung. Einerseits determinieren Mechanismen des Buchmarkt-Funktionierens die Literatur, andererseits liefert die Literatur Wertungssysteme, die im Literaturbetrieb zu benutzen sind. Die Literarizität ist nicht unbedingt mit einer sprachlichen Struktur verbunden, sondern wird als Effekt der literarischen Handlungen verstanden. Auf diese Weise wird der Literatur-Diskurs erweitert und problematisiert und literarische Wertungen dynamisch verstanden.

Exkurs: Literarizitätsforschung

In Literaturwissenschaften bleibt es umstritten, welche Faktoren über Literarizität eines Textes entscheiden. Es wurde bisher keine textorientierte Poetizitätstheorie entwickelt, die eine eindeutige Antwort gegeben hätte, welche Texteigenschaften diese Funktion spielen. Für Poetizität eines Textes seien nach Roman Jakobson Äquivalenzstrukturen verantwortlich (Jakobson et al. 1976: 109). Seine Definition der poetischen Funktion der Sprache wird in seinen ausführlichen Gedichtanalysen berührt. Dass nicht lediglich textimmanente Strukturen dazu beitragen, dass ein Text poetisch empfunden wird, sondern sie die poetische Verarbeitung von Text nur steuern, hat Petra Hoffstaeder in ihrem Modell bewiesen, in dem Poetizität als eine Eigenschaft von Textverarbeitungsprozessen betrachtet werde, die unter bestimmten Textstrukturen (Äquivalenten, Abweichungen, Mehrdeutigkeiten und bestimmten informationellen Strukturen), Kontextbedingungen, entsprechenden Leserdispositionen, Leseverarbeitungsstrategien sowie Rekonstruierbarkeitsprinzipien zustande kommen (vgl. Hoffstaeder 1986: 56 ff.).

Im Laufe der Forschung von Petra Hoffstaeder hat sich gezeigt, dass die untersuchten Poetizitätskriterien nicht erlauben, eine eindeutige Unterscheidung zwischen „poetischen“ und „nicht-poetischen Texten“ zu treffen, weil „alle Eigenschaften, die als typische Merkmale von Poesie und Literatur betrachtet werden, treten auch in allen möglichen anderen Sprachverwendungskontexten in Erscheinung“ (Hoffstaeder 1986: 1).

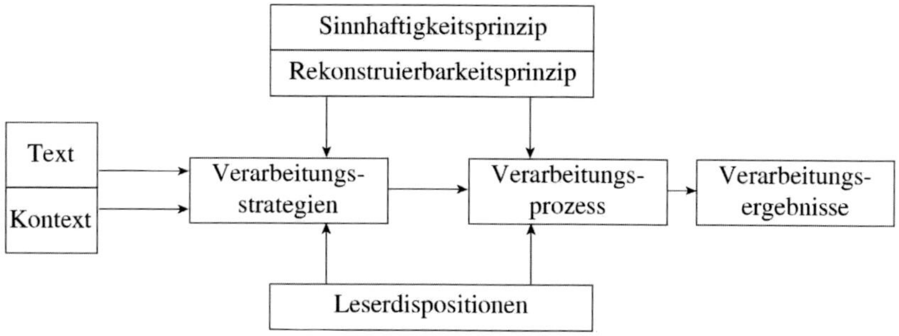

Abbildung 8: Schematische Darstellung der Einflussfaktoren von Textverarbeitungsprozessen
(vgl. Hoffstaeder 1986: 57)

Zwischenfazit

Die Untersuchungen von Hoffstaeder und die empirische Literaturtheorie haben bewiesen, dass textimmanente Strukturen nicht unbedingt über die poetische bzw. literarische Funktion eines Textes entscheiden. Der Verleger bzw. Lektor funktioniert im Literatur-System als dessen Aktant und erfüllt verschiedene gesellschaftliche Handlungsrollen, die den Einfluss auf den Prozess der Urteilsfindung ausüben. Die Kategorie der Bewertungs laute nicht ‚wahr‘, sondern ‚verantwortungsbewusst‘ und ‚überzeugend‘ (vgl. Hauptmeier/Schmidt 1985: 130 f.). Diese Überzeugung werde zum einen hergestellt durch eine Argumentation, die den Akzeptabilitätskriterien der sozialen Bezugsgruppe entspreche; sie werde zum anderen hergestellt durch Übereinstimmung mit den Bedürfnissen der Mitglieder bzw. dem gruppenspezifischen Bedarf – sei dieser nun ästhetischer, moralischer oder politischer Natur.

Schlussfolgerungen und Ausblick

Die Umstände, wie der deutsche Buchmarkt funktioniert, haben auf die literarische Produktion einen Einfluss. Einerseits werden übereilte Publikationen auf den Markt gebracht, weil es unter dem Konkurrenzdruck den Drang nach neuen Titeln in Regalen des Buchhandels gibt, andererseits sind Manuskripte aussortiert, sodass nur wenige vervielfältigt und veröffentlicht werden. Die ermäßigte Mehrwertsteuer und das Preisbindungsgesetz sollen die Literatur auf dem kapitalistischen Markt fördern, weil das Buch nicht nur als wirtschaftliche Ware gilt, sondern auch als Kulturgut. Trotz der Desintermediation der Wertschöpfungskette auf dem deutschen Buchmarkt spielen die Verlage immer noch die Hauptrolle in der Vermittlung der Literatur. Sie entscheiden darüber, welche Texte zu Büchern werden. Infolgedessen haben diese Vermittlungsinstitutionen auf die Literatur einen direkten Einfluss.

Die Identität der deutschen Verleger bzw. der Lektoren entwickelte sich in Folge der Leserevolutionen und der steigenden Nachfrage nach Büchern Anfang des 20. Jahrhunderts. Im Laufe der Zeit wurden sie zwar zu einer der wichtigsten Aktanten im Literatur-System, aber ihre Rolle wurde noch nicht genug erkundet, sodass der Verleger sowie der Lektor zum Beruf ohne vereinbartes Berufsbild sowie ohne einheitliches Ausbildungsprofil bleibt. In dieser Arbeit wurde der Versuch unternommen, die Entscheidungsprozesse *Manuskriptakquise* und *-auswahl* zu beschreiben und zu analysieren, um die Rolle des Verlagswesens im Literatur-System zu erklären. Aus der Hömbergschen Analyse der Lektoratsaufgaben stellt es sich heraus, dass sich mit der Manuskriptakquise und -auswahl meist Verlagsmitarbeiter mit weniger Erfahrung beschäftigen. Erfahrene Verlagsmitarbeiter und Geschäftsführer dagegen widmen mehr Zeit der Programmierung und der Kostenkalkulation jeweiligen Buchprojektes. Die Analyse der Einflussfaktoren auf den Lektor-Beruf zeigt, dass die Verlagsmitarbeiter vor allem durch die Führungsebene der Verlage, die Autoren, die Leserschaft sowie den Bekanntenkreis beeinflusst werden.

Die permanente Nachfrage nach Novitäten hat zufolge, dass die Textakquise zu wichtigsten Verlagstätigkeiten gehört. Die Abhängigkeit des Verlages von Autoren bringt eine hohe Unsicherheit in die Programmplanung. Hausautoren gewähren zwar den Zufluss von neuen Texten, aber Verlage akquirieren Manuskripte auch auf andere Weise – passiv und aktiv. Den „guten" Kontakten wird auch eine wichtige Rolle bei der Manuskriptakquise beigemessen. Es stehen aber keine Untersuchungsergebnisse, die die Effektivität der jeweiligen Methode der Manuskriptakquise beschrieben hätten.

Der Bestseller-Diskurs stellt sich als Ziel, u. a. die Voraussetzungen für das Verlegen von Bestsellern explizit zu machen. Trends auf dem Markt vorauszusehen, ist *schwierig*, weil Erfolg eines Buches von *vielen* Faktoren abhängt. Deswegen hat das Lizenzgeschäft ihre Blütezeit, weil man davon ausgeht, dass Autoren und Texte, die sich schon irgendwo anders, meist auf dem angelsächsischen Buchmarkt, bewährt haben, auch in Deutschland erfolgreich werden. Dieser Mechanismus erklärt aber noch nicht, welche Kriterien – ökonomische, politische, literarische oder ästhetische – bei dem Entscheidungsprozess *Manuskriptauswahl* die führende Rolle spielen. Zur Optimalisierung des Vorgangs wurden Modellen entwickeln, die den Prozess auf einige Etappen gliedern: Grobauswahl, Feinanalyse, Konzepttest und detaillierte Wirtschaftlichkeitsanalyse. Der Gegenstand der Auswahl sind nicht unbedingt vollständige Manuskripte, sondern auch Fragmente, Buchprojekte, Exposés und Gutachten. Sie lassen die Entscheidung über die Textannahme schneller treffen.

Bei der Analyse des Textes in Bezug auf die Ökonomie werden vor allem Kriterien eingesetzt wie Rentabilität und Mehrfachverwertung. Es werden dazu aktuelle Trends und Zielgruppen unter die Lupe genommen. Obwohl es danach gestrebt wird, dass jeder Titel rentabel wird, wird nach der Mischkalkulation gegriffen, um zusammen mit Bestsellern auch Titel auf den Markt zu bringen, die keinen Verkaufserfolg versprechen. Verleger richten sich dann nach ihren eigenen Wertungssystemen. Bei der Auswahl ist auch die Bekanntheit des Autors von Bedeutung – je nach dem, ob der Verlag mit einem Hausautor, lizenzierten Autor oder Debütanten es zu tun hat, wird eine entsprechende Entscheidung getroffen. Zu außerökonomischen Kriterien gehören die Originalität, die Ästhetik sowie die literarische Wertung. Bis zu den achtziger Jahren des 20. Jahrhunderts entwickelten sich Literaturwissenschaften, die sich über *die* Literatur nicht verständigen konnten. Deswegen konnten Literaturwissenschaften im Verlagswesen nicht eingesetzt werden und seine Position etablieren. Erst das Konzept der empirischen Literaturwissenschaft schaffte ein Modell der Literatur, die *argumentierend* aufgebaut wurde. Für literarische Texte gelten hier die Polyvalenz-Konvention sowie die Ästhetik-Konvention. Laut ihnen sind Texte aus der Definition mehrdeutig bzw. deutungsoffen und werden als ‚Kunstwerke' wahrgenommen, die eigenen Regeln folgen und Raum für Interpretation bieten. Heydebrand und Winko legen auch fest, dass die Bezeichnungen der Texte wie „ästhetisch", „gut geschrieben" usw. einen „Rezeptions- bzw. Verarbeitungsmodus" und nicht „eine immanente Qualität der Texte selbst" nachweisen. Im Zentrum der literarischen Wertung steht die Zuschreibung von Merkmalen. Da Verleger, Literaturkritiker und Literaturwissenschaftler in unterschiedlichen

Handlungsrollen die Literatur bewerten, orientieren sie sich nach anderen Kriterien. In dieser Arbeit wurde versucht, darzustellen, welche Wertungskriterien bei der Aufnahme der Texten in deutschen literarischen Verlagen gelten. Der Entscheidungsprozess *Manuskriptauswahl* erfolgt je nach dem Lektorat anders und die Wissenschaft kann sich zur Aufgabe stellen, ihn zu analysieren, um die literarischen Vermittlungshandlungen zu berücksichtigen.

Literaturverzeichnis

3. Kranichsteiner Verleger Arbeitstagung 1969 (1969), „Börsenblatt für den Deutschen Buchhandel", 3. Oktober 1969.

Adrian Werner (Hrsg.) (1968): Am Ende des Buchzeitalters?, Spee-Verlag, Trier.

Ahrend Thorsten (2006): Jenseits des Ja oder Nein. Oder: Wie handelt man als Lektor verantwortungsvoll?, in: Nickel Gunther: Krise des Lektorats, Wallstein, Göttingen.

Alexa Susanne (1989): Der technische Redakteur. Entwicklungen, Strukturen, Zukunftsaussichten, Verlag Ölschläger, München.

Allert-Wybranietz Kristiane (1988): Wie finde ich den richtigen Verlag?, Wilhelm Heyne Verlag, München.

Altenhein Hans (Hrsg.) (1995): Probleme des Verlagsgeschäfts. Beiträge zur Entwicklung des Literaturmarktes, Mainzer Studien zur Buchwissenschaft, Harrassowitz Verlag, Wiesbaden.

Anderson Richard, Reynolds Ralph, Schallert Diane, Goetz Ernest (1977): Frameworks for understanding discourse, „Am. educational research journal" 14, 1977, 4.

Arnold Heinz Ludwig (Hrsg.) (1980): Die Gruppe 47. Ein kritischer Grundriss, edition text + kritik, München.

Arnold Heinz Ludwig (Hrsg.) (2009): Literaturbetrieb in Deutschland, edition text + kritik, München.

Arnold Heinz Ludwig, Detering Heinrich (Hrsg.) (1996): Grundzüge der Literaturwissenschaft, Deutscher Taschenbuch Verlag, München.

Beck Hanno (2005): Medienökonomie. Print, Fernsehen und Multimedia, Springer, Berlin–Heidelberg.

Becker Eva D., Dehn Manfred (1968): Literarisches Leben. Eine Bibliographie. Auswahlverzeichnis von Literatur zum deutschsprachigen literarischen Leben von Mitte des 18. Jahrhunderts bis zur Gegenwart, B. 13, Verlag für Buchmarkt-Forschung, Michigan University, Michigan.

Beilein Matthias (2009): Aufklärung in der Dunkelzone der Verlagsarbeit, in: Arnold Heinz Ludwig, Beilein Matthias (Hrsg.): Literaturbetrieb in Deutschland, edition text + kritik, München.

Bergmann Cornelius [1930] an Bruno Nelissen-Haken am 26.4.1930 (Marbach, DLA, A: Diederichs, o. O.).

Boix García Marifé (2001): Frankfurt Virtual. Der Marktplatz für internationalen Rechtehandel im Internet, in: Fischer Ernst (Hrsg.), Literarische Agenturen – die heimischen Herrscher im Literaturbetrieb?, Harrassowitz Verlag, Wiesbaden.

Börsenverein des Deutschen Buchhandels (Hrsg.) (2010): Buch und Buchhandel in Zahlen 2010, Frankfurt am Main.

Bourdieu Pierre (2001): Die Regeln der Kunst. Genese und Struktur des literarischen Feldes, suhrkamp taschenbuch wissenschaft, Frankfurt am Main.

Bower Gordon H., Black John B., Turner Terrence J. (1979): Scripts in memory for test, "Cognitive psychology".

Bracht Edgar (2007): Ich bin immer noch neugierig, in: Bruch Martin, Schneider Johannes (Hrsg.): In der Werkstatt der Lektoren: 10 Gespräche, B. 18, Hildesheimer Universitätsschriften, Universitätsverlag, Hildesheim.

Breyer-Mayländer Thomas (2010): Wirtschaftsunternehmen Verlag, Bramann, Frankfurt am Main.

Brösel Gerrit, Keuper Frank (Hrsg.) (2003): Medienmanagement. Aufgaben und Lösungen, R. Oldenbourg, München–Wien.

Cerf Bennett (1981): Na los szczęścia. Kariera wydawcy, übersetzt von Michał Ronikiel, Książka i Wiedza, Warszawa.

Claassen Eugen (1970): In Büchern denken. Briefwechsel mit Autoren und Übersetzern, Claassen Verlag, Hamburg–Düsseldorf.

Clark Giles (1996): Karrierechancen im Verlag. Einsteigen und Weiterkommen, übersetzt von Gabriele Hardt, Hardt & Wörner, Friedrichsdorf.

Clement Michel, Blömeke Eva, Sambeth Frank (Hrsg.) (2009): Ökonomie der Buchindustrie. Herausforderungen in der Buchbranche erfolgreich managen, Gabler/GWV Fachverlage, Wiesbaden.

Conradi Arnulf (1999): Wir brauchen große Gefühle. Warum die Deutschen das Erzählen verlernt haben und jetzt alles besser wird, „Der Tagesspiegel", 15.2.1999.

Coser Lewis A., Kadishin Charles, Powell Walter W. (1982): Books. The culture and commerce of publishing, Basic Books, New York.

Cybulski Radosław (1986): Książka współczesna. Wydawcy – Rynek – Odbiorcy, Państwowe Wydawnictwo Naukowe, Warszawa.

Davies Gill (1995): Beruf: Lektor, Hardt & Wörner, Friedrichsdorf.

Delius Friedrich Christian (1997), in: Walter Otto F., Bloch Peter André: Gegenwartsliteratur. Mittel und Bedingungen ihrer Produktion. Eine Dokumentation über die literarisch-technischen und verlegerisch--ökonomischen Voraussetzungen schriftstellerischer Arbeit, Francke, Bern–München.

Dieter Wellershoff (1969): Literatur, Markt, Kulturindustrie, in: Literatur und Veränderung. Versuche zu einer Metakritik der Literatur, Kiepenheuer und Witsch, Köln.

Dittus Christian (2012): Ohne Preisbindung: Weniger Vielfalt, mehr Mainstream und höhere Preise, 20.01.2012, URL: www.ja-zum-buch.ch/2012/01/ohne-preisbindung-weniger-vielfalt-mehr-mainstream-und-h%C3%B6here-preise/ (21.05.2012).

Eggers Petra (2001): Agenten – die Trüffelschweine des literarischen Betriebs?, in: Fischer Ernst (Hrsg.): Literarische Agenturen – die heimischen Herrscher im Literaturbetrieb?, Harrassowitz Verlag, Wiesbaden.

Fischer Ernst (Hrsg.) (2001): Literarische Agenturen – die heimischen Herrscher im Literaturbetrieb?, Harrassowitz Verlag, Wiesbaden.

Frank Gertrud (1997), in: Walter Otto F., Bloch Peter André: Gegenwartsliteratur. Mittel und Bedingungen ihrer Produktion. Eine Dokumentation über die literarisch-technischen und verlegerisch-ökonomischen Voraussetzungen schriftstellerischer Arbeit, Francke, Bern–München.

Gärtner Kurt (Hrsg.) (2000): Zur Überlieferung, Kritik und Edition alter und neuerer Texte. Beiträge des Colloquiums zum 85. Geburtstag von Werner Schröder am 12. und 13. März 1999 in Mainz, Akademie der Wissenschaften und der Literatur, Steiner, Stuttgart.

Göbel Wolfram (1981): Die geistigen Geburtshelfer, „Börsenblatt für den Deutschen Buchhandel" 97, 10.11.1981.

Göbel Wolfram (1997): Produktmanager, Ghostwriter oder Macher. Die Funktionsveränderungen im Verlagslektorat, in: Schneider Ute: Das Lektorat – eine Bestandaufnahme. Beiträge zum Lektorat im literarischen Verlag, Harrassowitz Verlag, Wiesbaden.

Goldhammer Klaus (2006): Wissenschaft und Informationsgüter aus ökonomischer Sicht, Bundeszentrale für politische Bildung, 18.10.2006, URL: www.bpb.de/gesellschaft/medien/wissen-und-eigentum/73312/die-oekonomische-sicht?p=all (21.05.2012).

Graf Andreas (2001): „Ehrliche Makler“ oder „Ausbeuter der Schriftstellerwelt“? Die Anfänge der Literaturagenturen in Deutschland, in: Fischer Ernst (Hrsg.): Literarische Agenturen – die heimischen Herrscher im Literaturbetrieb?, Harrassowitz Verlag, Wiesbaden.

Greven Jochen (1975), in: Walter Otto F., Bloch Peter André: Gegenwartsliteratur. Mittel und Bedingungen ihrer Produktion. Eine Dokumentation über die literarisch-technischen und verlegerisch-ökonomischen Voraussetzungen schriftstellerischer Arbeit, Francke, Bern–München.

Gutowski Krzysztof (2010): Utwór netto, utwór brutto... plus VAT, „Notes Wydawniczy“, 11 (223) listopad 2010.

Hauptmeier Helmut, Schmidt Siegfried J. (1985): Einführung in die Empirische Literaturwissenschaft, Friedrich Vieweg & Sohn, Braunschweig–Wiesbaden.

Heidenreich Elke (Hrsg.) (1998): Das Kursbuch, Das Buch, Heft 133, September 1998, Rowohlt, Berlin.

Heinemann Ilka (2001): Man verliebt sich da eben hinein, in: Bruch Martin, Schneider Johannes (Hrsg.): In der Werkstatt der Lektoren: 10 Gespräche, B. 18, Hildesheimer Universitätsschriften, Universitätsverlag, Hildesheim.

Heinold Wolfgang Ehrhardt (2001): Bücher und Büchermacher. Verlage in der Informationsgesellschaft, C.F. Müller Verlag, Heidelberg.

Hesse Hermann (1987): Schriften zur Literatur 1: Aufsätze über seine Verleger, Suhrkamp, Berlin.

Heydebrand Renate von (1984): Moritz Heimann. Über den Zusammenhang von Weltbild und Literaturkritik, in: Krummacher Hans-Henrik, Martini Fritz, Müller-Seider Walter (Hrsg.): Zeit der Moderne. Zur deutschen Literatur von der Jahrhundertwende bis zur Gegenwart. Festschrift für Bernhard Zeller, Kröner, Stuttgart.

Heydebrand Renate von, Winko Simone (1996): Einführung in die Wertung von Literatur. Systematik, Geschichte, Legitimation, Schöningh, Padeborn.

Hielscher Martin (1993) an einen jungen Autor am 21.4.1993 (Marbach, DLA, A: Luchterhand, Lektorat Hielscher).

Hielscher Martin (1997) (Marbach, DLA, A: Luchterhand, Lektorat Hielscher).

Hoffstaeder Petra (1986): Poetizität aus der Sicht des Lesers. Eine empirische Untersuchung der Rolle von Text-, Leser- und Kontexteigenschaften bei der poetischen Verarbeitung von Texten, Buske, Hamburg.

Hömberg Walter (2010): Lektor im Buchverlag. Repräsentative Studie über einen unbekannten Kommunikationsberuf, UVK Verlagsgesellschaft, Konstanz.

Homburg Christian, Krohmer Harley (2009): Marketingmanagement. Strategie – Instrumente – Umsetzung – Unternehmensführung, Gabler, Wiesbaden.

Hutter Michael (1995): Verlagsgeschäft und Literatur, in: Altenhein Hans (Hrsg.): Probleme des Verlagsgeschäfts. Beiträge zur Entwicklung des Literaturmarktes, Mainzer Studien zur Buchwissenschaft, Harrassowitz Verlag, Wiesbaden.

Jakobson Roman, Gunnar Fant, Halle Morris (1976): Preliminaries to speech analysis: the distinctive features and their correlates, MIT Press, Cambridge.

Janello Christoph (2010): Wertschöpfung im digitalisierten Buchmarkt, Gabler, Wiesbaden.

Janzin Marion, Güntner Joachim (2007): Das Buch vom Buch. 5000 Jahre Buchgeschichte, Schlüter, Hannover.

Kalenberg Frank (2004): Grundlagen der Kostenrechnung. Ein anwendungsorientierte Einführung, R. Oldenbourg Verlag, München–Wien.

Karpowicz Andrzej (2009): Autor-Wydawca. Poradnik prawa autorskiego, Wolters Kluwer Polska, Warszawa.

Kerlen Dietrich (2006): Der Verlag. Lehrbuch der Buchverlagswirtschaft, Dr. Ernst Hauswedell & Co., Stuttgart.

Keuchen Gernot (1985): Berufspraxis in Verlagen, „Seminar Branchenpraxis", Eulenhof-Verlag, Hardebek.

Keuchen Gernot (1986): Karriere im Verlag. Prinzipien der Arbeit in Lektorat und Redaktion, „Seminar Branchenpraxis", Eulenhof-Verlag, Hardebek.

Keuschnigg Marc (2012): Das Bestseller-Phänomen. Die Entstehung von Nachfragekonzentration im Buchmarkt, Verlag für Sozialwissenschaften, Wiesbaden, URL: www.springerlink.com/content/kt10u8/# section=1028976&page=6&locus=92 (21.05.2012).

Kienecker Michael (1989): Prinzipien literarischer Wertung. Sprachanalytische und historische Untersuchungen. Vandenhoeck & Ruprecht, Göttingen.

Kilpper Gustav (1922) an Ina Seidel am 6.11.1922 (Marbach, DLA, A: Seidel, 74.1897/6).

Kleinberg Alfred (1927): Die deutsche Dichtung in ihren sozialen, zeit- und geistesgeschichtlichen Bedingungen, Olms, Hildesheim.

Kleine Alexander (2009): Wirtschaftlichkeit in der Buchindustrie, in: Clement Michel, Blömeke Eva, Sambeth Frank (Hrsg.): Ökonomie der Buchindustrie. Herausforderungen in der Buchbranche erfolgreich managen, Gabler/GWV Fachverlage, Wiesbaden.

Kliś Maria (2004): Proces rozumienia tekstu w badaniach psychologicznych, „Konspekt online" 18/19 2004, Akademia Pedagogiczna w Krakowie, Kraków, URL: www.wsp.krakow.pl/konspekt/18/klis.html (21.05.2012).

Kuttny-Walser Silvia (2008): Experteninterview, geführt mit Frau Silvia Kuttny-Walser, Verlegerin Blanvalet, Limes, Penhaligon (Random House) am 22.10.2008.

Lampe Friedo (1922): [Drei Gutachten aus dem Nachlass Friedo Lampes] (Marbach, DLA, A: Lampe, 88.43.ioa/1-3).

Landshuter Stephan (2000): Der Boom setzt sich fort, „Börsenblatt für den Deutschen Buchhandel" 15, 22.2.2000.

Langenbucher Hellmuth (1936): Der Lektor. Seine Tätigkeit im Lichte neuer Forderungen, „Börsenblatt für den Deutschen Buchhandel" 43, 20.2.1936.

Leemans Hein, Stekinams Mia (1991): Attributes Used in Choosing Books, „Poetics" 20 (5).

Lettl Tobias (2008): Urheberrecht, Verlag C.H. Beck, München.

Lichtenstein-Weis Reginhild (2005): Wie schreibe ich ein Buch? Ratgeber, Richtlinien und Tipps zur Gestaltung eines Manuskripts zum druckreifen Buch, rlw-Verlag, Leonberg.

Loerke Oskar (1939) an Peter Suhrkamp am 18.1.1939 (Marbach, DLA, A: S. Fischer, o. Z.).

Lucius Wulf D. von (2005): Verlagswirtschaft. Ökonomische, rechtliche und organisatorische Grundlagen, UVK Verlagsgesellschaft, Konstanz.

Mair Stephanie (1988): Formen der Verlagskooperation. Möglichkeiten und Grenzen, Otto Harrassowitz, Wiesbaden.

Mecklenburg Norbert (Hrsg.) (1977): Literarische Wertung. Texte zur Entwicklung der Wertungsdiskussion in der Literaturwissenschaft, Deutscher Taschenbuch Verlag, München.

MehrWert. Arbeiten in der Buchbranche heute, Bücherfrauen e.V. (Hrsg.), Ulrike Heimer Verlag, Sulzbach/Taunus 2010.

Mendlewitsch Doris (1996): Rund ums Buch. Ein Leitfaden für Autoren und Leser, Daedalus Verlag, Münster.

Menne Lothar (1998): Vom Salon an die Börse, in: Heidenreich Elke (Hrsg.): Das Kursbuch, Das Buch, Heft 133, September 1998, Rowohlt, Berlin.

Meutsch Dietrich (1987): Texte verstehen. Eine empirische Studie, Vieweg, Braunschweig.

Morgenstern Christian (1906) an Bruno Cassirer am 10.6.1906 (Stuttgart, Verlag Urachhaus, MA).

Moritz Rainer (1997): Die Unverlangten. Vom Umgang mit Manuskriptangeboten - ein Alltagsbericht, in: Schneider Ute (Hrsg.): Das Lektorat. Eine Bestandaufnahme. Beiträge zum Lektorat im literarischen Verlag, Harrassowitz Verlag, Wiesbaden.

Moritz Rainer (2001): Donna Leon meets Harry Potter. Warum und wie Verlage mit Agenten zusammenarbeiten, in: Fischer Ernst (Hrsg.): Literarische Agenturen – die heimischen Herrscher im Literaturbetrieb?, Harrassowitz Verlag, Wiesbaden.

Müller Martin (1975), in: Walter Otto F., Bloch Peter André: Gegenwartsliteratur. Mittel und Bedingungen ihrer Produktion. Eine Dokumentation über die literarisch-technischen und verlegerisch-ökonomischen Voraussetzungen schriftstellerischer Arbeit, Francke, Bern–München.

Mundhenke Reinhard (1991): Der Verlagskaufmann. Berufsfachkunde für Kaufleute in Zeitungs-, Zeitschriften- und Buchverlagen, Societäts-Verlag, Frankfurt am Main.

Muszkowski Jan (1951): Życie książki, Wiedza–Zawód–Kultura Tadeusz Zapiór, Kraków.

Nickel Gunther (Hrsg.) (2006): Krise des Lektorats?, Wallstein, Göttingen.

Nünning Ansgar (Hrsg.) (2004): Literaturwissenschaftliche Theorien, Modelle und Methoden. Eine Einführung, Wissenschaftlicher Verlag Trier, Trier.

O'Meara John T. (1961): Selecting Profitable Products, „Harvard Business Review" 39 (1).

Pape Walter (Hrsg.) (1982): Ringelnatz Joachim. Das Gesamtwerk in sieben Bänden. Bd. 4: ...liner Roma... Berlin.

Petersenn Olaf (2001): Ich will, dass jetzt etwas gelesen wird, in: Bruch Martin, Schneider Johannes (Hrsg.): In der Werkstatt der Lektoren: 10 Gespräche, Bd. 18, Hildesheimer Universitätsschriften, Universitätsverlag, Hildesheim.

Piper Klaus (1991): Was erwarte ich von meinem Lektor?, in: Märtin Ralf-Peter, Piper Ernst Reinhard (Hrsg.) Klaus Piper: Schriften, und Briefe, Piper, München.

Piters Ronald, Stokmans Mia J.W. (2000). Genre categorization and its effect on preference for fiction books, „Empirical Studies of the Arts" 18 (2).

Plachta Bodo (1997): Editionswissenschaft. Eine Einführung in Methode und Praxis der Edition neuerer Texte, Reclam, Stuttgart.

Plachta Bodo (2008): Literaturbetrieb, Wilhelm Fink-Verlag, München.

Praesent Angela (1997): Bemerkungen zur Geschichte der im Rowohlt Taschenbuch Verlag erscheinenden Reihe *neue frau*, in: Schneider Ute, Das Lektorat. Eine Bestandaufnahme, S. 43.

Prostka Tim, Schmidt-Stölting Christina (2009): Management und Erweiterung des Produktportfolios bei Verlagen, in: Clement Michel, Blömeke Eva, Sambeth Frank (Hrsg.): Ökonomie der Buchindustrie. Herausforderungen in der Buchbranche erfolgreich managen, Gabler/GWV Fachverlage, Wiesbaden.

Raab Dieter (1959): Autor und Lektor. Ein Beitrag zum sozialistischen Verlagswesen und Verlagsrecht in der DDR, VEB Deutscher Zentralverlag, Berlin.

Rectanus Mark W. (1984): Literary Series in the Federal Republic of Germany from 1960 to 1980, Buchwissenschaftliche Beiträge aus dem Deutschen Bucharchiv, Wiesbaden.

Rehbinder Manfred (2010): Urheberrecht, C.H. Beck München.

Roehler Klaus [1970] an Wolfgang Körner am 22.3.1975 (Marbach, DLA, A: Luchterhand, Konvolut Lektorat Roehler).

Röhring Hans-Helmut (1978): Das Berufsbild des Lektors., „Die Begegnung" 14(1978/79).

Röhring Hans-Helmut (2008): Wie ein Buch entsteht: Einführung in den modernen Buchverlag, Primus Verlag, Darmstadt.

Rühle Günther (1985): Die Büchermacher. Von Autoren, Verlegern, Buchhändlern, Messen und Konzernen, Suhrkamp, Frankfurt am Main.

Ruiss Gerhard, Vyoral Johannes A. (Hrsg.) (1985): ...und Notfalls leben wir alle vom Verhungern, Diskussion, Themenschwerpunkt Autor-Lektor, Autorensolidarität 7/8, IG Autoren, Wien.

Rumland Marie Kristin (1993): Veränderungen in Verlagswesen und Buchhandel der ehemaligen DDR 1989–1991, Harrassowitz, Wiesbaden.

Rump Hans-Uwe (1982): Literarisches Leben, Verlag Ludgwig Auer, Donauwörth.

Salaws Ausma (2001): Karrieren unter der Lupe: Buchhandel und Verlagswesen, Lexika Verlag, Würzburg.

Schickerling Michael (2004): Bücher machen. Ein Handbuch für Lektoren und Redakteure, Bramann Verlag, Frankfurt am Main.

Schikorsky Isa (2009): Aus dem Lektorat: 50 Tipps zum Schreiben und Veröffentlichen, Books on Demand, Nordstedt.

Schmidt Christiane (2001): Leidenschaft für den fremden Text, in: Bruch Martin, Schneider Johannes (Hrsg.): In der Werkstatt der Lektoren: 10 Gespräche, Bd. 18, Hildesheimer Universitätsschriften, Universitätsverlag, Hildesheim.

Schmidt Siegfried J. (1980): Grundriss der empirischen Literaturwissenschaft, Teilband 1: Der gesellschaftliche Handlungsbereich Literatur, Vieweg, Braunschweig—Wiesbaden.

Schmidt Siegfried J. (1984): Vom Text zum Literatursystem. Skizze einer konstruktivistischen empirischen Literaturwissenschaft, Lumis-Schriften 1, Institut für Empirische Literatur- und Medienforschung, Siegen.

Schmidt Siegfried J. (Hrsg.) (1972): Zur Grundlegung der Literaturwissenschaft, Bayerischer Schulbuch-Verlag, München.

Schmidt-Stölting Christina, Blömeke Eva, Clement Michel (2008): Success Drivers of Fiction Books: An Empirical Analysis of Hardcover and Paperback Books, Working Paper, Universität Hamburg.

Schneider Bettina (2009): Zwischen Klassiker- und Jugendliteratur in evolutionspsychologischer Perspektive, Justus-Liebig-Universität Gießen, Gießen, URL: d-nb.info/100951864X/34 (21.05.2012).

Schneider Ute (1997): Hundert Jahre Lektoratsarbeit. Vorschläge zu einer Analyse, in: Schneider Ute: Das Lektorat – eine Bestandaufnahme. Beiträge zum Lektorat im literarischen Verlag, Harrassowitz Verlag, Wiesbaden.

Schneider Ute (2005): Der unsichtbare Zweite. Die Berufsgeschichte des Lektors im literarischen Verlag, Wallstein, Göttingen.

Schneider Ute (Hrsg.) (1997): Das Lektorat – eine Bestandaufnahme. Beiträge zum Lektorat im literarischen Verlag, Harrassowitz Verlag, Wiesbaden.

Schönstedt Eduard (1999): Der Buchverlag. Geschichte, Aufbau, Wirtschaftsprinzipien, Kalkulation und Marketing, J.B. Metzlersche Verlagsbuchhandlung, Stuttgart.

Schücking Lewin Ludwig (1923): Soziologie der literarischen Geschmacksbildung, Rösl, München.

Schütz Erhard (Hrsg.) (2005), Das Buchmarktbuch. Der Literaturbetrieb in Grundbegriffen, Rowohlt Taschenbuch, Hamburg.

Serda Jerzy (1980): Umowa wydawnicza. Pojęcie–Funkcja–Struktura, Uniwersytet Jagielloński, Kraków.

Sexl Martin (Hrsg.) (2004): Einführung in die Literaturtheorie, Facultas-Verlag-und-Buchhandels-AG, WUV, Wien.

Sexl Martin (Hrsg.) (2004): Einführung in die Literaturtheorie, WUV, Wien.

Siblewski Klaus (2005): Die diskreten Kritiker. Warum Lektoren schreiben – Vorläufige Überlegungen zu einem Berufsbild, Rimbaud, Aachen.

Siblewski Klaus (2007): Ein diskreter, aber nicht unwesentlicher Aspekt, in: Bruch Martin, Schneider Johannes (Hrsg.), In der Werkstatt der Lektoren: 10 Gespräche, B. 18, Hildesheimer Universitätsschriften, Universitätsverlag, Hildesheim.

Sinhuber Bartel F. (1971a): Der Verlagslektor heute, „publikation 21", Heft 11

Sinhuber Bartel F. (1971b): Muss der Lektor abgeschafft werden?, „publikation 21", Heft 4.

Spengler Tilman (1998): Ich, der Autor, in: Heidenreich Elke (Hrsg.) (1998): Das Kursbuch, Das Buch, Heft 133, September 1998, Rowohlt, Berlin.

Stockern Anna (1988): Vermarktung von Büchern. Eine Analyse aus der Sicht von Verlagen, Harrassowitz Verlag, Wiesbaden.

Sundermeier Jörg (2006): Was wir uns erlauben, in: Nickel Gunther (Hrsg.): Krise des Lektorats?, Wallstein, Göttingen.

Thompson B. John (2005): Books in the Digital Age. The Transformation of Academic and Higher Education Publishing in Britain and the United States, Polity Press, Cambridge.

Tietzel Manfred (1995): Literaturökonomie, Mohr, Tübingen.

Uhlig Friedrich (1972): Der Verlags-Lehring. Ein Handbuch für den Verlagsbuchhandel, Dr. Ernst Hauswedell & Co., Hamburg.

Umfrage (1969): Verlage - Lektorate - Bücher, „Buchmarkt" 4 (1969), Heft 6.

Unseld Joachim (1984): Franz Kafka. Ein Schriftstellerleben. Die Geschichte seiner Veröffentlichungen, Fischer Taschenbuch Verlag, Frankfurt am Main.

Unseld Siegfried (1978): Der Autor und sein Verleger. Vorlesungen in Mainz und Austin, Suhrkamp Verlag, Frankfurt am Main.

Unseld Siegfried (1991): Goethe und seine Verleger, Insel, Frankfurt am Main.

Unwin Philip (1965): Book Publishing as a Career, Hamish Hamilton, London.

Unwin Philip (1968): Berufsbild des Verlagsbuchhändlers. Arbeitsaufgaben und Entwicklungsmöglichkeiten, C.E. Poeschel Verlag, Stuttgart.

Unwin Stanley (1965): Das wahre Gesicht des Verlagsbuchhandels, C.E. Poeschel Verlag, Stuttgart.

Urbich Jan (2011): Literarische Ästhetik, Böhlau, Köln.

Voit Friedrich (1975): Der Verleger Peter Suhrkamp und seine Autoren. Seine Zusammenarbeit mit Hermann Hesse, Rudolf Alexander Schröder, Ernst Pentzoldt und Bertolt Brecht. Diss. Saarbrücken 1974. Kronberg/Ts.

Von der Idee zum Buch. Ein Ratgeber für Autorinnen und Autoren (2003), Books on Demand, Norderstedt.

Wallmoden Thedel von (2009): Verleger: „Der blödeste Beruf der Welt", in: Arnold Heinz Ludwig (Hrsg.): Literaturbetrieb in Deutschland, edition text + kritik, München.

Wallmoden Thedel von (Hrsg.) (2010): Seiltanz. Der Autor und der Lektor, Wallstein, Göttingen.

Walter Otto F., Bloch Peter André (1975): Gegenwartsliteratur. Mittel und Bedingungen ihrer Produktion. Eine Dokumentation über die literarisch-technischen und verlegerisch-ökonomischen Voraussetzungen schriftstellerischer Arbeit, Francke, Bern–München.

Walter Otto F. (1975), in: Walter Otto F., Bloch Peter André: Gegenwartsliteratur. Mittel und Bedingungen ihrer Produktion. Eine Dokumentation über die literarisch-technischen und verlegerisch-ökonomischen Voraussetzungen schriftstellerischer Arbeit, Francke, Bern–München.

Westerhoff Nikolas (2009): Im Gleichritt zum Wir-Gefühl, „Süddeutsche.de", 09.02.2009, URL: www.sueddeutsche.de/wissen/psychologie-im-gleichschritt-zum-wir-gefuehl-1.484483 (21.05.2012).

Wichner Ernest, Wiesner Herbert (bearb.) (1998): Franz Hessel, Nur was uns anschaut, sehen wir, Literaturhaus Berlin, Berlin.

Wirtz Bernd W. (2011): Medien- und Internetmanagement, Gabler, GWV Fachverlage, Wiesbaden

Wischenbart Rüdiger (2012): The Global E-book Market 2011. Current Conditions & Future Projections, URL: www.buecher.at/rte/upload/news_11_2/ebook_report_2011_web1004c_1.pdf (21.05.2012).

Woll Thomas (2000): Jak osiągnąć zysk w wydawnictwie, übersetzt von Grzegorz Łuczkiewicz, Zakład graficzny „Colonel", Kraków.

Żółkiewski Stefan, Hopfinger Maryla (Hrsg.) (1976): Kultura – Komunikacja – Literatura. Studia nad XX wiekiem, Polska Akademia Nauk, Instytut Badań Literackich, Zakład Narodowy im. Ossolińskich, Wrocław–Warszawa–Kraków–Gdańsk.

Internetseiten (21.05.2012)

about-books.com/

de.book-fair.com/networking/search_find/titles/search.aspx

kdp.amazon.com/self-publishing/signin

virtualo.eu/self-publishing/

www.amazon.de/Der-feine-Unterschied-heute-Spitzenfu%C3%9Fballer/dp/3888977290/ref=sr_1_1?s=books&ie=UTF8&qid=1334791050&sr=1-1

www.amazon.de/Steve-Jobs-autorisierte-Biografie-Apple-Gr%C3%BCnders/dp/357010124X/ref=sr_1_sc_1?s=books&ie=UTF8&qid=1334791111&sr=1-1-spell

www.apwatt.co.uk/

www.boersenverein.de/de/nordrhein_westfalen/Buch_und_Titelproduktion/182717

www.boersenverein.de/de/portal/Belletristik/189810

www.boersenverein.de/sixcms/media.php/976/Autorennormvertrag.pdf

www.boersenverein.de/sixcms/media.php/976/Autorennormvertrag.pdf

www.bookpublishing.com/

www.buchmesse.de/images/fbm/zahlen_fakten_2010.pdf

www.buchpreisbindung-nein.ch/.

www.bundestag.de/dokumente/rechtsgrundlagen/grundgesetz/gg_01.html

www.der-buchleser.de/2012/03/12/leipziger-buchmesse-2012-in-zahlen/

www.dieterwunderlich.de/links_literaturagenturen.htm

www.dtv.de/

www.epubli.de

www.fritzagency.com/

www.gesetze-im-internet.de/bundesrecht/stgb/gesamt.pdf

www.kirchner-robrecht.de/aktuelles/ebooks-und-ereader-marktpotenziale/download-feedback/

www.liepmanagency.com/

www.literaturmarkt.info/cms/front_content.php?idcat=87

www.mohrbooks.com/

www.news.de/medien/855273164/buchmesse-lockt-mit-stars-der-literaturszene/1/

www.preisbindungsgesetz.de/content/info/1009-preisbindungsgesetz-deutschland.htm

www.sejm.gov.pl/prawo/konst/polski/kon1.htm

www.silvercat.com/

www.spiegel.de/kultur/literatur/0,1518,468465,00.html

www.stadtbuecherei-heidelberg.bib-bw.de/seiten/litszene/litszene.htm

www.triboox.de

www.verlag-der-autoren.de/

www.vfll.de/

www.xinxii.de

www.youtube.com/watch?v=f0uQXFZrE-k

www.youtube.com/watch?v=f0uQXFZrE-k&feature=channel&list=UL

www.zeit.de/digital/internet/2011-05/amazon-ebooks-verkauf

Weiterführende Literatur

Amberg Michael, Bodendorf Freimut, Möslein Kathrin M. (2011): Wertschöpfungsorientierte Wirtschaftsinformatik, Springer Verlag, Berlin–Heidelberg.

Ballstaedt Steffen-Peter, Mandl Heinz, Schnotz Wolfgang, Tergan Sigmar-Olaf (1981): Texte verstehen, Texte gestalten, Urban & Schwarzenberg, München.

Bert Rürup (1995): Sozioökonomische Aspekte der Distribution im Verlagsgeschäft, in: Altenhein Hans (Hrsg): Probleme des Verlagsgeschäfts. Beiträge zur Entwicklung des Literaturmarktes, Mainzer Studien zur Buchwissenschaft, Harrassowitz Verlag, Wiesbaden.

Bogdal Klaus-Michael (Hrsg.) (2005): Neue Literaturtheorien. Eine Einführung, Vandenhoeck & Ruprecht, Göttingen.

Bourdieu Pierre (2000): Zur Soziologie der symbolischen Formen, übersetzt von Wolfgang H. Fietkau, Suhrkamp Taschenbuch Wissenschaft, Suhrkamp Verlag, Berlin.

Dörner Andreas, Vogt Ludgera (1994): Literatursoziologie. Literatur. Gesellschaft. Politische Kultur, Westdeutscher Verlag, Opladen.

Dunin Janusz (2003): Wstęp do edytorstwa, Wydawnictwo Wyższej Szkoły Humanistyczno-Ekonomicznej w Łodzi, Łódź.

Einem Verleger ins Stammbuch. Für Heinrich Steffler (1980), Sozietäts-Verlag, Frankfurt am Main.

Epstein Jason (2001): Vom Geschäft mit Büchern. Vergangenheit, Gegenwart und Zukunft des Verlagswesens, Midas Verlag, St. Gallen–Zürich.

Erb Hans F. (1958): Der Redakteur, Progress-Verlag Johann Fladung, Düsseldorf.

Faude Ekkehard (2000): Überforderte Lektorate. Warum Verlage lieber Lizenzen als Manuskripte einkaufen, „BuchMarkt" 35/2000, Heft 4.

Förster Nikolaus (1999): Die Wiederkehr des Erzählens. Deutschsprachige Prosa der 80er und 90er Jahre, Wissenschaftliche Buchgesellschaft, Darmstadt.

Gebethner Jan (1989): Młodość wydawcy, Zakład Narodowy im. Ossolińskich, Wrocław.

Ghai Om Prakash, Kumar Narendra (Hrsg.) (1984), International Publishing Today. Problems and Prospects. A festschrift in honour of Manuel Salvat, The Bookman's Club, Delhi.

Gieselbusch Hermann, Moldenhauer Dirk, Naumann Uwe, Töteberg Michael (2008): 100 Jahre. Eine illustrierte Chronik, Rowohlt, Reinbek bei Hamburg.

Głombiowski Karol (1980): Książka w procesie komunikacji społecznej, Zakład Narodowy imienia Ossolińskich, Wydawnictwo Polskiej Akademii Nauk, Wrocław–Warszawa–Kraków–Gdańsk.

Grimm Gunter (1977): Rezeptionsgeschichte. Grundlegung einer Theorie. Mit Analysen und Bibliographie, UTB, München.

Habermas Rebekka, Pehle H. Walter (Hrsg.) (1989): Der Autor, der nicht schreibt. Versuche über den Büchermacher und das Buch, Fischer, Frankfurt am Main.

Hofko Monika, Sollinger Klaus, Steinhoff Lutz (2005): Romanwerkstatt: Das Handwerk des kreativen Schreibens, Books On Demand, Norderstedt.

Jäger Georg (1990): Buchhandel und Wissenschaft. Zur Ausdifferenzierung des wissenschaftlichen Buchhandels, Lumis Schriften 26, aus dem Institut für Empirische Literatur- und Medienforschung der Universität-
-Gesamthochschule Siegen, Siegen.

Janssen S., Leemans H. (1988): Differences in consumer behavior between buyers of literature, "Poetics", 17, 6, December 1988.

Kalkulation, Planung, Kontrolle. Ein Informationssystem für den Verlag, Verband der Verlage und Buchhandlungen in Baden-Württemberg e.V. (Hrsg.) (1979), Müller, Stuttgart.

Kamzelak Roland (1999): Computergestützte Text-Edition, Max Niemeyer Verlag, Tübingen.

Kasack Hermann (1996): Dreizehn Wochen. Tage- und Nachtblätter. Aufzeichnungen aus dem Jahre 1945 über das Kriegsende in Potsdam, Edition Hentrich, Berlin.

Kästing Friederike, Klock Franz-Joachim (Hrsg.) (1990): Beiträge zur Ökonomie des Verlagsbuchhandels, Nomos Verlagsgesellschaft, Baden-Baden.

Körner Wolfgang (1973): Ein freier Schriftsteller. Marginalien zum Literaturbetrieb, Concept, Düsseldorf.

Krapp Sylvia (2007): Rechnungswesen im Buchhandel, Bramann, Frankfurt am Main.

Lam Stanisław (1968): Życie wśród wielu, Państwowy Instytut Wydawniczy, Warszawa.

Lewy Hermann, Raab Dieter (1956): Lektorat und Redaktion im Buchverlag, VEB Verlag für Buch- und Bibliothekswesen, Leipzig.

Loerke Oskar (1967): Gerichtstage. Neue Rundschau 31 (1920), Heft 7, In: Oskar Loerke: Literarische Aufsätze aus der „Neuen Rundschau", 1967.

Löffler Karl, Kirchner Joachim (Hrsg.) (1937): Lexikon des gesamten Buchwesens, Hiersemann, Leipzig.

Maier Heidi-Melanie, Neumann Thomas (Hrsg.) (2004): Literarisches Leben um 1800. „Hin sind meine Zaubereyn...", Quellen zur Geschichte Thüringens, Landeszentrale für politische Bildung Thüringen, Erfurt.

Meynecke Dirk R. (1994), Von der Buchidee zum Bestseller. Für Autoren und alle, die es werden wollen, Ullstein, Frankfurt am Main.

Migoń Krzysztof (1984): Nauka o książce. Zarys problematyki, Zakład Narodowy im. Ossolińskich, Wrocław–Warszawa–Kraków–Gdańsk–Łódź.

Migoń Krzysztof (1990): Das Buch als Gegenstand wissenschaftlicher Forschung. Buchwissenschaft und ihre Problematik, Otto Harrassowitz, Wiesbaden.

Mittelstaedt Otto (Hrsg.) (1968): Die wissenschaftliche Redaktion, Heft 5/1968, Bibliographisches Institut, Mannheim–Zürich.

Müller W. Robert, (Hrsg.) (1998): Elektronisches Publizieren. Auswirkungen auf die Verlagspraxis, Mainzer Studien zur Buchwissenschaft, Harrassowitz Verlag, Wiesbaden.

Peters Stanisław (1959): Redagowanie książki gazety i czasopisma, Wydawnictwo Przemysłu Lekkiego i Spożywczego, Warszawa.

Piper Klaus (Hrsg.) (1976): Richard Friedenthal … und unversehens ist der Abend, R. Piper & Co. Verlag, München–Erich.

Plenz Ralf (1990): Wie mache ich mich mit einem Verlag selbständig. Grundlagen und Praxistips für die Herstellung und den Vertrieb von Zeitschriften und Büchern, Rentrop Verlag, Bonn.

Plenz Ralf (1991): Buchherstellung. Leitfaden für Verleger, Lektoren und andere Verlagsmitarbeiter, Verlag Beruf + Schule, Itzehoe.

Preuß Ulrich K. (1989): Der Humankapitalist. Mutmaßungen über den Beruf des Lektors, in: Habermas Rebekka, Pehle H. Walter (Hrsg.) (1989): Der Autor, der nicht schreibt. Versuche über den Büchermacher und das Buch, Fischer, Frankfurt am Main.

Prosi Gerhard (1971): Ökonomische Theorie des Buches. Volkswirtschaftliche Aspekte des Urheber- und Verlegerschutzes, Bertelsmann Universitätsverlag, Düsseldorf.

Rothbart Otto-Rudolf (1995): Lektoratskooperation. Idee und Wirklichkeit, Harrassowitz Verlag, Wiesbaden.

Rühmkorf Peter (1959): Gutachten über Armin Polster *Der Tanz um den Teppich* vom 17.9.1959 (Marbach, DLA, A: Rühmkorf, o. Z.).

Rühmkorf Peter (1961): Gutachten über Rudolf Lorenzen *Sawatzki und der Chef* vom 2.5.1961 (Marbach, DLA, A: Rühmkorf, o. Z.).

Rusch Christian (2003): Buchhandel in der Schweiz. Eine empirisch-deskriptive Analyse der Marktstruktur und Entwicklung strategischer Optionen, Helbing & Lichtenhahn, Basel.

Schiffrin André (2000): Verlage ohne Verleger. Über die Zukunft der Bücher, übersetzt von Gerd Burger, Klaus Wagenbach, Berlin.

Schmidt Heinz H. (1981): Textschöpfung, Textredaktion, Textverarbeitung. Ursächliche und anwendungstechnische Zusammenhänge zwischen Textschöpfung und Textredaktion, Schrift, Schriftsatz, Typografie und Textverarbeitung, Verlag Beruf und Schule, Itzehoe.

Schmidt Siegfried J. (1974): Elemente einer Textpoetik. Theorie und Anwendung, Bayerischer Schulbuch--Verlag, München.

Schmidt Siegfried J. (1975): Literaturwissenschaft als argumentierende Wissenschaft. Zur Grundlegung einer rationalen Literaturwissenschaft, Wilhelm Fink, München.

Stelling Johannes (2003): Kostenmanagement und Controlling, R. Oldenbourg Verlag, München–Wien.

Sturm Rüdiger (2004): Kostenrechnung, R. Oldenbourg, München–Wien.

Tißler Jan und Feedfabrik (Hrsg.) (2010), Buch der Zukunft. Über die leise und unaufhaltsame Revolution im Verlagswesen, tredition

Weischenberg Siegfried (1978): Die elektronische Redaktion. Publizistische Folgen der neuen Technik, Verlag Dokumentation Saur, München–New York.

Wiegmann Hermann (1977): Geschichte der Poetik. Ein Abriß, J.B. Metzlersche Verlagsbuchhandlung, Stuttgart.

Wittstock Uwe (1997): Weshalb beschäftigen Belletristikverlage Versuchskaninchen?, „Börsenblatt für den Deutschen Buchhandel" 90, 11.11.1997.

Zeller Bernhard, Autor. Nachlaß. Erben. Probleme der Überlieferung der Literatur in: „Abhandlungen der Klasse der Literatur", 1981/1982, Nr. 2, Akademie der Wissenschaften und der Literatur (Mainz), Franz Steiner Verlag, Wiesbaden.

Der Autor:

Michał Olewnik, M.A. wurde 1988 in Warschau geboren. Er schloss das Studium der Germanistik an der Universität Warschau erfolgreich ab. Inzwischen studiert er auch im Institut für Buchwissenschaft an der Johannes Gutenberg-Universität in Mainz. Bereits während des Studiums sammelte der Autor umfassende praktische Erfahrungen im Verlagswesen. Er arbeitete u.a. mit W.A.B. Publishers, dem Wissenschaftsverlag Scholar sowie dem Medien Verlag Reiser zusammen. Seit 2012 befasst er sich mit der Vorbereitung der E-Books für die Warschauer Verlagsgruppe Foksal und schreibt eine Dissertation über Redaktionsprozesse in literarischen Verlagen. Er nahm an einigen wissenschaftlichen Konferenzen teil und publizierte in Zeitschriften wie „Biuletyn Niemiecki“ und „Libertas“.